[美] 贾格迪什·巴格沃蒂 著 黄胜强 译

Termites in the Trading System

贸易体制中的白蚁

优惠贸易协定如何蛀蚀自由贸易

中国海关出版社

图书在版编目（CIP）数据

贸易体制中的白蚁：优惠贸易协定如何蛀蚀自由贸易/（美）巴格沃蒂（Bhagwati, J.）著；黄胜强译.
—北京：中国海关出版社，2015.1
ISBN 978-7-5175-0049-0

I.①贸… II.①巴…②黄 III.①自由贸易—研究 IV.①F741.2

中国版本图书馆CIP数据核字（2014）第283850号

北京市版权局著作权合同登记号：图字：01-2014-7865

Copyright © 2008 by Oxford University Press, Inc.

All rights reserved. No part of this publication may be reproduced, stored in a retrieval system, or transmitted, in any form or by any means, electronic, mechanical, photocopying, recording, or otherwise, without the prior permission of Oxford University Press.

版权© 2008 由牛津大学出版社有限公司所有。

版权所有。未经牛津大学出版社的允许，对本书的任何部分不得以任何方式或途径复制和传播，包括但不限于复印、录制、录音，以及任何数据库、信息系统或检索系统。

本书中文简体翻译版授权中国海关出版社独家出版并限在中国大陆地区销售。

贸易体制中的白蚁：优惠贸易协定如何蛀蚀自由贸易
MAOYI TIZHI ZHONG DE BAIYI：YOUHUI MAOYI XIEDING RUHE ZHUSHI ZIYOU MAOYI

作　　者：	贾格迪什·巴格沃蒂
译　　者：	黄胜强
策　　划：	普　娜
责任编辑：	左桂月
助理编辑：	李　多
出版发行：	中国海关出版社
社　　址：	北京市朝阳区东四环南路甲1号　邮政编码：100023
网　　址：	www.hgcbs.com.cn；www.hgbookvip.com
编辑部：	01065194242-7529（电话）　01065194231（传真）
发行部：	01065194221/4238/4246（电话）　01065194233（传真）
社办书店：	01065195616（电话）　01065195127（传真）
	http://store.hgbookvip.com（网址）
印　　刷：	廊坊晶艺印务有限公司　　经　销：新华书店
开　　本：	880mm×1230mm　1/32
印　　张：	5.875　　字　数：100千字
版　　次：	2015年1月第1版
印　　次：	2015年1月第1次印刷
书　　号：	ISBN 978-7-5175-0049-0
定　　价：	35.00元

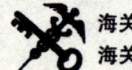

海关版图书，版权所有，侵权必究
海关版图书，印装错误可随时退换

为纪念伟大的国际经济学家和多边主义者
戈特弗里德·哈伯勒（Gottfried Haberler）[①]

[①] 戈特弗里德·哈伯勒（Gottfried Haberler）：奥地利出生的美国经济学家，精于国际贸易理论。——译者注

每增加一个优惠贸易协定，都给世界真正需要的普遍的、非歧视的贸易自由化增加一个障碍。优惠贸易协定更容易被特殊利益集团绑架，绝不会真正成为一种良策……目前，这种优惠安排是未来会让我们悔断肝肠的小怪兽。

　　　　　　　　——墨西哥前总统埃内斯托·塞迪略

　　实际上，双边主义愈演愈烈，争先恐后涌向优惠协定，耗尽了多哈回合的能量。

　　　　　　——《金融时报》世界贸易专栏作家居伊·德·容凯尔

目录

前　言　　　　　　1

第一章
泛滥的优惠贸易协定　　1

第二章
流行病为什么会爆发?　　19

第三章
为什么优惠贸易协定
是世界贸易体制中的瘟疫?　　57

第四章
我们现在怎么办?　　105

附　录

优惠贸易协定理论:
历史演变及发展趋势　　119

词语解释　　135

参考文献　　143

索　引　　147

前言 PREFACE

自由贸易区、关税同盟及贸易壁垒的部分（相对于全部）优惠性削减，这些现象和制度在国际经济学中很少有像最近这样受到关注。这些现象具有本质上的歧视性：贸易壁垒仅在协定国家之间削减了，但对非协定成员国家而言，贸易壁垒依然存在。因此，这些现象直接挑战贸易的非歧视原则，而非歧视原则是许多经济学家和政策制定者一直以来奉为健全、良好的贸易政策的一项要素和有效率的保障，甚至是公平的世界贸易体制架构的基石。

为什么会出现这种乱象？为什么这些优惠贸易协定在近年来迅速蔓延，对世界贸易体制造成系统性的破坏[①]？

[①] 我使用"优惠贸易协定"而不是早期的"区域贸易协定"一词，原因只有一个，即优惠贸易协定从多种意义上并不全都具有区域性，例如，《美国—以色列的自由贸易协定》就不是区域贸易协定。但"区域贸易协定"一词在世界贸易组织中仍在使用，这并不奇怪，因为国际官僚和政治用词往往落后于现实，如77国集团现在的成员已超过77个发展中国家。另外，我也不使用"双边"一词，因为许多优惠贸易协定是"诸边"（这个词也不贴切，但它是行话）的，其协定成员国家数量在两个以上但却不是所有国家。——作者注

它们会产生什么样的后果？优惠贸易协定的泛滥，无论是原因还是后果，均很复杂而且具有很大的吸引力，但它们成为身处泛滥现象之中的国际经济学严肃学派和政策制定者们严重质疑的焦点的时间并不长。优惠贸易协定犹如一群白蚁，正在慢慢地越来越严重地蛀蚀着多边贸易体制。如果用另一个合适的比拟来形容这种现象，我们可以说，优惠贸易协定的泛滥，正在无情地把我们引向一种（可以合适地形容为）贸易灾难。

优惠贸易协定的增多，其本身在贸易政策的福利理论分析这一领域造成一种学术上的突破，其意义之重要仅次于战后贸易政策理论领域的一场大革命——国内外不同市场失灵条件下替代政策干预的福利变化研究。①

我积极地参与了这些理论的研究并见证了它们的发展，最早始于在伦敦的哈利·约翰逊（Harry Johnson）②纪念讲座的讲稿《面临危险的世界贸易体系》（普林斯

---

① 关于贸易政策的两次突破（曾极大地增强了赞成自由贸易的论据），请参见我的斯德哥尔摩经济学院讲课教材《当今自由贸易》（普林斯顿：普林斯顿大学出版社，2003年）第一章。——作者注

② 哈利·约翰逊（Harry Johnson）：加拿大著名经济学家，主要研究领域为国际贸易、国际金融和货币政策。——译者注

顿：普林斯顿大学出版社，1991年）中，我把优惠贸易协定作为一项早期的政策并对其概念进行了研究，后来又在几本书和专业报刊文章中将该理论分析向许多方向拓展。还有其他许多著名经济学家发表了关于这些问题的著作和文章，例如，我的许多著作的合著者阿文德·潘娜嘉利雅（Arvind Panagariya）[①]及我过去的学生理查德·布雷彻（Richard Brecher）[②]、伊莱亚斯·迪诺普洛斯（Elias Dinopoulos）[③]、杰弗里·弗兰克尔（Jeffrey Frankel）[④]、卡洛琳·弗洛德（Caroline Freund）[⑤]、厄尔·格里诺尔斯

[①] 我想特别提到一篇与他共著的论文：《优惠贸易区域与多边主义——陌生人，朋友还是仇敌？》，参见我和阿文德·潘娜嘉利雅合编的《优惠贸易协定经济学》（华盛顿：美国企业学院，1996年）第一章。潘娜嘉利雅自己曾著有很多研究优惠贸易协定理论的著作。——作者注［阿文德·潘娜嘉利雅（Arvind Panagariya）：美国哥伦比亚大学教授。——译者注］

[②] 理查德·布雷彻（Richard Brecher）：加拿大卡尔顿大学教授。——译者注

[③] 伊莱亚斯·迪诺普洛斯（Elias Dinopoulos）：美国佛罗里达大学教授。——译者注

[④] 杰弗里·弗兰克尔（Jeffrey Frankel）：哈佛肯尼迪政府学院的经济学家。——译者注

[⑤] 卡洛琳·弗洛德（Caroline Freund）：美国智库彼得森国际经济研究所高级分析师。——译者注

（Earl Grinols）①、吉恩·格罗斯曼（Gene Grossman）②、道格拉斯·厄尔文（Douglas Irwin）③、普拉文·克里什纳（Pravin Krishna）④、保罗·克鲁格曼（Paul Krugman）⑤、努诺·利芒（Nuno Limao）⑥和德瓦希什·米特拉（Devashish Mitra）⑦教授，现在他们都是著名经济学家。

我也要感谢许多其他经济学家在过去40年中的理论贡献。在老一辈经济学家中，有4位已经离开了我们，在此要特别提到：戈特弗里德·哈伯勒（本书就是献给他的）⑧、哈

---

① 厄尔·格里诺尔斯（Earl Grinols）：美国德州贝勒大学知名教授。——译者注
② 吉恩·格罗斯曼（Gene Grossman）：美国普林斯顿大学教授。——译者注
③ 道格拉斯·厄尔文（Douglas Irwin）：美国达特茅斯学院教授。——译者注
④ 普拉文·克里什纳（Pravin Krishna）：郑周永国际经济学教授。——译者注
⑤ 保罗·克鲁格曼（Paul Krugman）：美国经济学家，是自由经济学派的新生代，其研究领域是贸易模式和区域经济活动。——译者注
⑥ 努诺·利芒（Nuno Limao）：马里兰大学经济系副教授。——译者注
⑦ 德瓦希什·米特拉（Devashish Mitra）：雪城大学经济系主任。——译者注
⑧ 哈伯勒是很有成就的经济学家，是许多从奥地利移居美国的著名移民之一，他很少涉足优惠贸易协定理论，但他20世纪40年代开始经常以赞成多边主义的观点发表研究优惠贸易协定的文章。——作者注

利·约翰逊、詹姆斯·米德（James Meade）①和雅各布·维纳（Jacob Viner）②。我不能不提及科依勒·贝格威尔（Kyle Bagwell）③、理查德·鲍德温（Richard Baldwin）、罗伯特·鲍德温（Robert Baldwin）④、克劳德·巴菲尔德（Claude Barfield）⑤、爱瑞克·邦德（Eric Bond）⑥、约翰·奇普曼（John Chipman）⑦、麦克斯·考登（Max Corden）⑧、艾兰·迪道夫（Alan Deardorff）⑨、克里斯托弗·

---

① 詹姆斯·米德（James Meade）：英国经济学家，由于与贝蒂·俄林（Bertil Ohlin）共同对国际贸易理论和国际资本流动作出了开创性研究，获得1977年诺贝尔经济学奖。——译者注

② 雅各布·维纳（Jacob Viner）：亦称雅各布·瓦伊纳，加拿大经济学家，芝加哥经济学派早期代表人物之一。——译者注

③ 科依勒·贝格威尔（Kyle Bagwell）：美国斯坦福大学金融学教授。——译者注

④ 罗伯特·鲍德温（Robert Baldwin）：美国斯坦福大学教授。——译者注

⑤ 克劳德·巴菲尔德（Claude Barfield）：美国企业家研究所研究员、前美国贸易代表办公室顾问。——译者注

⑥ 爱瑞克·邦德（Eric Bond）：前美国国际经济和金融学会会长、美国范德比尔德大学讲座教授。——译者注

⑦ 约翰·奇普曼（John Chipman）：美国国际战略研究所所长。——译者注

⑧ 麦克斯·考登（Max Corden）：澳大利亚墨尔本大学经济系教授。——译者注

⑨ 艾兰·迪道夫（Alan Deardorff）：美国密歇根大学安娜堡分校福特公共政策学院副院长、前经济系主任。——译者注

邓特（Christopher Dent）①、彼得·德赖斯代尔（Peter Drysdale）②、西蒙·伊文内特（Simon Evenett）③、罗斯·格尔诺（Ross Garnaut）④、滨田弘一（Koichi Hamada）⑤、埃尔赫南·赫尔普曼（Elhanan Helpman）⑥、默瑞·坎普（Murray Kemp）⑦、卡拉·克里希纳（Kala Krishna）⑧、安妮·克鲁格（Anne Krueger）⑨、萨亚尔·拉希里（Sajal

---

① 克里斯托弗·邓特（Christopher Dent）：英国利兹大学教授。——译者注
② 彼得·德赖斯代尔（Peter Drysdale）：澳大利亚国立大学教授。——译者注
③ 西蒙·伊文内特（Simon Evenett）：瑞士圣加伦大学国贸和经济发展学教授。——译者注
④ 罗斯·格尔诺（Ross Garnaut）：澳大利亚国立大学教授。——译者注
⑤ 滨田弘一（Koichi Hamada）：日本首相安倍晋三特别参谋。——译者注
⑥ 埃尔赫南·赫尔普曼（Elhanan Helpman）：以色列当代著名经济学家、以色列特拉维夫大学经济学教授和美国哈佛大学经济学教授（1997年起），新贸易理论和新增长理论的重要奠基者。——译者注
⑦ 默瑞·坎普（Murray Kemp）：澳大利亚新南威尔士大学教授。——译者注
⑧ 卡拉·克里希纳（Kala Krishna）：美国宾州州立大学经济学教授。——译者注
⑨ 安妮·克鲁格（Anne Krueger）：美国华盛顿约翰霍普金斯大学教授。——译者注

Lahiri)①、凯尔文·兰开斯特（Kelvin Lancaster）②、罗伯特·劳伦斯（Robert Lawrence）③、菲尔·列维（Phil Levy）④、理查德·利普塞（Richard Lipsey）⑤彼得·罗伊德（Peter Lloyd）⑥、迈克尔·迈克尔利（Michael Michaely）⑦、罗伯特·蒙代尔（Robert Mundell）⑧、马丁·理查德森（Martin Richardson）⑨、雷蒙·瑞兹曼（Ray Riezman）⑩、

---

① 萨亚尔·拉希里（Sajal Lahiri）：美国南伊利诺伊大学经济系主任教授。——译者注
② 凯尔文·兰开斯特（Kelvin Lancaster）：美国哥伦比亚大学著名经济学教授，次优理论的提出者。——译者注
③ 罗伯特·劳伦斯（Robert Lawrence）：美国哈佛大学教授。——译者注
④ 菲尔·列维（Phil Levy）：美国保守派智库企业研究所经济学家。——译者注
⑤ 理查德·利普塞（Richard Lipsey）：加拿大经济学家。——译者注
⑥ 彼得·罗伊德（Peter Lloyd）：英国经济地理学家。——译者注
⑦ 迈克尔·迈克尔利（Michael Michaely）：以色列耶路撒冷希伯来大学教授。——译者注
⑧ 罗伯特·蒙代尔（Robert Mundell）：美国哥伦比亚大学教授，1999年诺贝尔经济学奖获得者，最优货币区理论的奠基人，被誉为"欧元之父"。——译者注
⑨ 马丁·理查德森（Martin Richardson）：澳大利亚国立大学商业与经济学部经济学院教授。——译者注
⑩ 雷蒙·瑞兹曼（Ray Riezman）：爱荷华大学讲座教授，美国中西部国际贸易学会创始人。——译者注

加里·桑普森（Gary Sampson）①、T·N·施瑞尼瓦桑（T·N·Srinivasan）②、安德烈·萨皮尔（Andre Sapir）③、罗伯特·斯特恩（Robert Stern）④、罗伯特·斯泰格（Robert Staiger）⑤、劳伦斯·萨默斯（Lawrence Summers）⑥、Costas Syropoulos⑦、托尼·维纳布尔斯（Tony Venables）⑧、万又暄（Henry Wan, Jr.）⑨ 和阿兰·温特斯

---

① 加里·桑普森（Gary Sampson）：澳大利亚墨尔本商学院教授。——译者注
② T·N·施瑞尼瓦桑（T·N·Srinivasan）：印度经济学家，耶鲁大学教授，是一位新古典思想的坚定信仰者。——译者注
③ 安德烈·萨皮尔（Andre Sapir）：比利时布鲁塞尔自由大学经济学教授。——译者注
④ 罗伯特·斯特恩（Robert Stern）：美国密歇根大学福特公共政策学院教授。——译者注
⑤ 罗伯特·斯泰格（Robert Staiger）：美国威斯康星大学经济系的斯托克韦尔讲座教授。——译者注
⑥ 劳伦斯·萨默斯（Lawrence Summers）：美国著名经济学家，美国国家经济委员会主任，在克林顿时期担任第71任美国财政部部长，曾任哈佛大学校长。因为研究宏观经济的成就而获得约翰·贝茨·克拉克奖。——译者注
⑦ Costas Syropoulos：美国卓克索大学经济学教授。——译者注
⑧ 托尼·维纳布尔斯（Tony Venables）：英国牛津大学教授。——译者注
⑨ 万又暄（Henry Wan, Jr.）：中国湖北人，20世纪40年代末离开大陆去台湾。经济学家，美国康奈尔大学终生教授，精于博弈论、国际贸易和产业组织研究。——译者注

(Alan Winters)①。确实，优惠贸易协定的研究曾引起几乎所有在过去半个世纪中从事国际贸易理论研究的最优秀的经济学家的关注。我还要补充说，两位当今领军经济学专栏作家克莱夫·克鲁克（Clive Crook）②和马丁·沃尔夫（Martin Wolf）③（目前受聘于《金融时报》）所写的坚决捍卫多边主义并严厉批判优惠贸易协定的分析文章使我受益匪浅。

我也曾是最早与著名贸易律师合作的经济学家之一，罗伯特·休德克（Robert Hudec）④是我在本书中所及诸问题方面使我学到最多的贸易律师，我与他在经济学与贸易法之间的相互作用的研究项目上有过重要的合作，而且他在非歧视规则方面的著作非常经典。我还受益于我的合作伙伴彼得罗斯·马弗鲁第斯（Petros Mavroidis）⑤，我和他在

---

① 阿兰·温特斯（Alan Winters）：英国萨塞克斯大学经济学教授、英国政府国际发展部门首席经济学家。——译者注

② 克莱夫·克鲁克（Clive Crook）：《金融时报》专栏作家。——译者注

③ 马丁·沃尔夫（Martin Wolf）：《金融时报》副主编和首席经济评论人。——译者注

④ 罗伯特·休德克（Robert Hudec）：美国著名的国际经济法学者、教授。——译者注

⑤ 彼得罗斯·马弗鲁第斯（Petros Mavroidis）：美国哥伦比亚大学教授。——译者注

哥伦比亚大学法学院共同教授过关于世界贸易组织争端裁决机制的课程，该课程自然地涉及世界贸易组织针对优惠贸易协定的第二十四条规定和其他问题。我与肯尼斯·达姆（Kenneth Dam）[①]、约翰·杰克逊（John Jackson）[②]、戴维·黎布朗（David Leebron）[③]、戴维·帕尔米特（David Palmeter）[④]和梅丽特·杰诺（Merit Janow）[⑤]等人的许多交谈也让我十分受益。

本书篇幅不大，因为它的目的不是寻求理论突破。在我与普拉文·克里什纳和阿文德·潘娜嘉利雅合编的大部头著作《贸易集团：分析优惠贸易协定的另一种方法》中可以找到对这方面理论研究的最新进展的详细介绍[⑥]。本

[①] 肯尼斯·达姆（Kenneth Dam）：美国前副国务卿。——译者注
[②] 约翰·杰克逊（John Jackson）：美国乔治敦大学教授、世界著名国际经济法学专家，被同行誉为"世界贸易组织之父"。——译者注
[③] 戴维·黎布朗（David Leebron）：美国莱斯大学校长、教授。——译者注
[④] 戴维·帕尔米特（David Palmeter）：美国西德尼·奥斯丁&布朗有限合伙（LLP）律师事务所的合伙人，长期担任世界贸易组织争端解决诉讼的政府和私人顾问。——译者注
[⑤] 梅丽特·杰诺（Merit Janow）：美国哥伦比亚大学国际关系与公共事务学院院长。——译者注
[⑥] 更专业的版本见我、潘娜嘉利雅和施瑞尼瓦桑合编的研究生教材《国际贸易专题》第三十一章。——作者注

书的附录也简要并通俗地介绍了对优惠贸易协定的学术研究的重大发展，这些发展在第二次世界大战后真正地改变了我们对优惠贸易协定的理解。

我本人近20年来有关优惠贸易协定的研究成果可以在专业的学报及《经济学人》、《华尔街日报》和《金融时报》上的社论文章中找到。此外，我就此问题做过数次学术报告，最近的一次是2007年在澳大利亚国立大学汉斯·阿恩特（Heinz Arndt）①的讲座上做的，我在那里回顾了阿恩特的卓越的对20世纪30年代世界贸易体制落入保护主义和优惠贸易协定的历史研究。另一个是在菲律宾宿务为加入亚太经合组织的国家和地区的一些首席执行官们所做的专题讲座。我力劝他们反对签署一个亚太地区自由贸易的协定，该协定受到美国某些人极力鼓吹并得到美国贸易代表办公室的支持，它尽管从表面上看给多哈回合注入了一剂兴奋剂，但实际上却是致命一击。

关于关税及贸易总协定（以下简称关贸总协定），我

---

① 汉斯·阿恩特（Heinz Arndt）：澳大利亚经济学教授，著有《经济发展思想史》。——译者注

拥有特殊的优越条件来深入思考这些问题，很少有处在科学前沿的学者能有这种机会走出学术的象牙塔或者偏爱利用这种机会。1991年，担任关贸总协定总干事长达12年之久的阿瑟·邓克尔（Arthur Dunkel）①决定设立受总干事直接领导的贸易政策顾问这一特别职位，并请我任该职务。由于我素有直言不讳地批评我所认为不符合公共利益的政策的名声，而且也因为我是从印度移居美国的，我于是问他："我的任命需要得到哪个国家同意，印度还是美国？"他回答说："都不是，因为印度和美国都不同意。"

邓克尔和我的许多谈话都集中在当时正在进行的乌拉圭回合多边贸易谈判[该回合是在彼德·萨瑟兰（Peter Sutherland）②接任后结束的]，但我趁机敦促他看看我们提交的一份专门关于区域主义的年度报告，邓克尔同意了，尽管这个问题在政治上尤其棘手，因为欧盟在走优惠贸易协定的道路，而且感觉我们正处在改变其方向的风口

---

① 阿瑟·邓克尔（Arthur Dunkel）：瑞士人，1980年~1993年任关贸总协定总干事，积极推动各国间的自由贸易，1991年年末开始草拟乌拉圭回合谈判的内容，奠定了1994年乌拉圭回合谈判的基础，成功促使超过120个国家和地区与成立世界贸易组织。——译者注

② 彼德·萨瑟兰（Peter Sutherland）：高盛国际主席、前世界贸易组织总干事。——译者注

浪尖上。事实上，著名美国经济学家莱斯特·瑟罗（Lester Thurow）① 宣称自己已经陷入那种困境，并且公开质疑区域主义。他在达沃斯世界经济论坛上关于"关贸总协定死了"的观点非常著名。

关贸总协定顶级经济学家理查德·布莱克赫斯特（Richard Blackhurst）和凯姆·安德森（Kym Anderson）参与了我的研究。那些批评关贸总协定的人可能会感兴趣的是，当我向邓克尔申请经费去举办一次会议，选择几位专家讨论一些我觉得对我们的报告而言需要深入研究的关键问题，他竟说他得拼命干活去挣钱给我。于是，他只给了我 25000 美金，我不得不说服部分专家用他们的飞行里程兑换机票来参加会议，会议文件已由安德森和布莱克赫斯特负责编辑出版。资金短缺的关贸总协定（现在是世界贸易组织）是激进的反全球化非政府组织一个专门攻击的靶子。而具有讽刺意义的是，布雷顿森林机构②花钱更多（仅国际货币基金组织的差旅费就比世界贸易组织的年预

---

① 莱斯特·瑟罗（Lester Thurow）：现为美国麻省理工学院赖弥尔森管理及经济学教授，世界财经管理趋势大师，曾任美国民主党的经济参谋。——译者注

② 见文后词语解释。——译者注

算总额还多），但在治理上远不如世界贸易组织民主（世界贸易组织甚至至今仍采用一致同意的议事规则）。确实，在世界银行和国际货币基金组织中，最近的掌门人的提名实际上是美国和欧盟分别从本国人中挑选，而关贸总协定总干事的选拔程序则是完全民主的，如素帕猜·帕尼帕迪（Supachai Panitchpakdi）[①]、迈克尔·穆尔（Michael Moore）[②]和帕斯卡尔·拉米（Pascal Lamy）[③]都是完全根据他们的观点和工作经历选中的，而且都要经历多个候选人激烈竞选的过程。当萨瑟兰接任掌管关贸总协定时，那份报告虽然写完了，但却未能出版，因为萨瑟兰没有接受邓克尔提出的尽早印发的建议，而是决定集中力量结束乌拉圭回合。直至乌拉圭回合结束的几年后，1995年世界贸易组织正式成立，报告才得以印发。

泰国人素帕猜·帕尼帕迪是鹿特丹管理学院经济

[①] 素帕猜·帕尼帕迪（Supachai Panitchpakdi）：泰国政治家，1992年担任泰国副总理，2002年~2005年期间任世界贸易组织总干事。——译者注

[②] 迈克尔·穆尔（Michael Moore）：前新西兰总理，1999年~2002年期间任世界贸易组织总干事。——译者注

[③] 帕斯卡尔·拉米（Pascal Lamy）：法国前经济和财政部部长雅克·德洛尔的顾问，后又担任法国前总理皮埃尔·莫鲁瓦的私人办公室副主任。2005年~2009年期间任世界贸易组织总干事。——译者注

学博士，曾任泰国副总理，他接替新西兰的迈克尔·穆尔①担任世界贸易组织总干事后，组建了一个专家咨询组，由萨瑟兰牵头，我是成员之一。我们的报告题为"世界贸易组织的未来——在新世纪中迎接体制挑战"。在其第二章中，我们讨论了优惠贸易协定的问题，详细地论述了优惠贸易协定的泛滥对世界贸易体制造成的破坏。报告中这方面的内容被媒体广泛地作为报告最重要的特点来渲染，萨瑟兰也在达沃斯论坛和其他场合的讲话中聚焦了这个问题。

这些政策经验（它们说明了关贸总协定及其后来者世

---

① 请不要与美国众多的同名同姓的人相混淆，他曾是新西兰政府总理，有过令人尊敬的职业生涯，包括参与过工会的工作。他也拥有一个外部的顾问小组，经济学家罗伯特·鲍德温、滨田弘一、西维娅·奥斯特雷和我都是该顾问组的成员。1999年11月，世界贸易组织在西雅图召开会议遭遇骚乱式抗议，他正是当时的会议主持人，而且在发起首轮多边贸易谈判的议事胎死腹中时，他愤怒地、非常失望地看到被人蛊惑的情绪是如何战胜建立在理性之上的道理的。他的经验和充沛的精力都充分展现在下面这件事中。在澳大利亚时，他在前往会场的途中遭遇反世界贸易组织的示威者，示威者高喊："迈克尔·穆尔屠杀穷人！迈克尔·穆尔屠杀穷人！"他让司机停下车来并下车与示威者对喊："不，你们错了，迈克尔·穆尔正在消灭贫困！迈克尔·穆尔正在消灭贫困！"示威者一时懵了，停止了喊叫，直到他离开后才恍然大悟，再次喊叫起来。尽管我对他的回话十分钦佩，而且当时情境下这样做也很合适，但我没有这方面的天赋，只能采用分析、列举事实、讽刺、挖苦来反驳民粹主义的观点。——作者注

界贸易组织已经受到优惠贸易协定最严峻的体制挑战）和多年来的一些重要的学术贡献是我撰写这本篇幅不长的书的主要动因。如果我们撩开这个重大的（我认为是）恶性发展的迷雾，有些观点将是我们将来必须面对的，我希望我将向每位学者和每位政策制定者提供对这些观点分析全面、条理分明甚至简要的评论。我们怎样才能回到政策制定者们在口头上赞美但在行动上破坏的多边主义呢？这是本书研究的首要问题，我认为并不是一切都已无法弥补，我们仍然有补救措施。

如果我的致谢不包括梅拉尼·杰拉娃奇沃·琳（Melanie Gervacio Lin），这位我在编写此书数年中在对外关系委员会中有才华的著名研究助理，我会十分内疚的。她在国际经济学领域受过高水平的专业培训，是自从优惠贸易协定带来严重问题以来我的一位得力的研究助理。她也像鸭子在水里那样慢慢地熟悉政策问题，恰如看不见的手那样发挥作用，她那些看不见的参与改变了我这本书。她的继任者亚历克斯·诺耶斯（Alex Noyes）和塞思·弗拉克斯曼（Seth Flaxman）给了我无法估量的帮助。在塞思完全接替梅拉尼的工作以前一直由亚历克斯负责协助我。塞思非常幽默，并且精力充沛，与他一起工作让我非常愉快，他用超凡的能力寻觅到鲜为人知的资料、漫画和人物像［尤其是琼·罗宾逊（Joan Robinson）这位伟大的新剑桥学派的经济学家，她是我的私人老师之一。在塞思找到的那些她的照片中，我们看到了一位年轻的少妇，腼腆、温柔，这是她在身材发胖前的形象］。伊凡·克劳利（Ivan Crowley）是我在哥伦比亚大学最杰出的学生，也对我帮助巨大。我还非常感激美国对外关系委员会［目前由理查德·哈斯（Richard Haass）任主席］给予我的学术和研究支持。

贾格迪什·巴格沃蒂
美国对外关系委员会、哥伦比亚大学
2007 年于纽约

第一章 泛滥的优惠贸易协定

绝大多数优惠贸易协定都采用自由贸易协定的形式，偶尔有极少数附带有一个共同关税税则，使其变性为关税同盟[1]。如果我们深入研究优惠贸易协定的泛滥问题，有必要再次指出，这些协定中所包含的贸易优惠（协定成员之间比对非协定成员的贸易更自由）并不是什么创新。事实上，在历史上几次经济危机时期，贸易优惠均曾受到几乎相同的青睐，而且在经济学界得到过某些最有思想的经济学家一种莫名其妙甚至短暂的认可。[2]

---

[1] 本书所附词语解释中注明：贸易体制中的优惠有时会以另一种方式出现，例如普遍优惠制度（见词语解释）项下给予的所谓单向的优惠。英国的帝国优惠制度曾是英联邦成员国之间互相给予优惠待遇的关税制度，英国进入其殖民地和自治领土市场可以普遍免税。某些像美国这样的超级大国签订的现代自由贸易协定，如果其他缔约方相对贫弱，大都间接地采用这种方式（详见本书第二章）。——作者注

[2] 当然，双边贸易协定已有数个世纪的历史，而从本质上讲，不存在任何多边贸易协定，尽管曾经有两个以上的国家曾加入过在同一帝国框架内的某个跨国贸易协定。帕斯卡尔·拉米于2006年10月31日在哥伦比亚大学所作题为"多边与双边贸易协定，朋友还是仇敌？"的演讲曾提到，14世纪时期古埃及第18朝法老阿蒙若非斯四世和阿拉斯亚国王签署的通商协定就规定对塞浦路斯贸易商免征关税以换取铜和木材的进口。——作者注

第二次世界大战期间的凯恩斯

历史上对优惠贸易的发展最重要的推崇出自可以说是20世纪最有影响的经济学家约翰·梅纳德·凯恩斯（John Maynard Keynes）[①]。第二次世界大战结束时，英国在实施最惠国待遇条款方面涉嫌有歧视做法，因为该条款要求对拟建立的贸易组织的每一个成员自动适用它对任一成员实施的最低税率。一方面，英国人还想继续保留他们的帝国优惠制度，以将其贸易保护扩大到他们的殖民地和领地。另一方面，美国在战后正在谈判的贸易协定中力挺最惠国待遇条款和优惠的非歧视规则。美国谈判团队由科德尔·赫尔（Cordell Hull）[②]带领，他在1933年~1944年期间任美国国务卿，并获诺贝尔和平奖。他相信（并不是毫无根据地），自由贸易不仅带来繁荣也会带来和平。凯恩斯则有自己的表达方法，他有一段颇具特色的话："我对'歧视'这个字眼的强烈反对是一种情感，这个情感就像我们的手必须自由一样强烈……这个词正在被念出来而且必须被喊出来……所有过去的义务，最惠国待遇条款，所有其他，都是臭名昭著的失败，让世界如此四分五裂。我们也知道这些规定无法实行。这是死人或者至少是垂死的

[①] 约翰·梅纳德·凯恩斯（John Maynard Keynes）：一般称作凯恩斯，英国经济学家。——译者注

[②] 科德尔·赫尔（Cordell Hull）：前美国国务卿。——译者注

人的手拼命抓住的东西。"①

科德尔·赫尔，富兰克林·罗斯福总统的国务卿，1945年获得诺贝尔和平奖，自由贸易鼓吹者，他曾致力于自由贸易，消除根据《斯姆特—霍利1930年关税法案》采取的报复措施所导致的保护主义，但后来他却变成《1934年互惠贸易协定法案》的设计师。他也是贸易歧视的强烈反对者。（图片来源于美国国会图书馆）

然而，在他们更深入思考这个问题后，凯恩斯和参与谈判《关于扩大世界贸易和就业的建议》的最终协议的其他英国经济学家竟接受了科德尔·赫尔的观点，即非歧视规则是一个核心原则，必须在谈判中的国际贸易新体制中占主导地位②。

---

① 引自杰伊·卡尔伯特的《战时的英美关于关贸总协定的谈判及缔造》（《世界经济》，第十卷，1987年第4期，第387页）。另参见本书所附词语解释中关于最惠国待遇条款的简要介绍。——作者注

② 英国谈判代表最终确实接受了非歧视规则，但将帝国优惠制度作为"祖父条款"例外保留住了。——作者注

贸易体制中的白蚁　TERMITES IN THE TRADING SYSTEM　4

凯恩斯认为知识上的固执是弱智的表现①，于是在英国上议院

约翰·梅纳德·凯恩斯，被许多人认为是20世纪最伟大的经济学家，放弃了对优惠贸易的坚持而成为非歧视多边自由贸易的执著支持者。[图片来源于英国国家肖像馆，为英国著名木刻家、画家、插图家格温·拉弗拉（Gwendolen Raverat）于1908年创作的水彩钢笔画。]

---

① 凯恩斯极力强调在非常需要灵活和经验时转变观念的必要性，他一直坚信一句话："当事实变化了，我便改变想法，阁下们，你们怎么做？"同样，他也曾是大家都用来嘲讽经济学家的妙语批评的对象："6个经济学家会有7个主张，其中2个是凯恩斯的。"在耶鲁法学院一次晚餐后谈话中，我被人调侃说"6个经济学家会有6种意见"，我回应道："律师更糟糕，如果有6个客户，每个律师都有6种看法。"——作者注

说出了他最能说服人的这段话:"(提交审议政策)首先旨在重建多边贸易……摆在你们面前的这些政策的方向是明确的,那就是反对双边的讨价还价及一切歧视性做法。彼此分割隔断的集团,所有的摩擦,两者造成的友谊丧失,这些东西把我们驱赶到一个充满敌意的世界中,在这个世界里,大部分地方的贸易已不再具有合作性,不再以和平的方式进行,在这个世界里,互惠互利和平等相待的良性原则被遗忘得一干二净。只有疯子才会喜欢这样的世界。"①

世界贸易进入优惠制度的20世纪30年代大萧条时期

20世纪30年代大萧条出现时,凯恩斯转向一种开始在当时的经济学家中影响越来越大的反对歧视的观点。最惠国待遇原则的接受面扩大,世界贸易渐渐转向一种多边的非歧视体制。根据最惠国待遇原则,任何一项贸易条约(以及后来的关贸总协定)的

---

① 引自杰伊·卡尔伯特的《战时的英美关于关贸总协定的谈判及缔造》第395页,参见我所著的《风险之中的世界贸易体系》第64页。道格拉斯·欧文曾提醒我,在英国的舞台上,贸易非歧视原则更强烈的支持者是经济学家利奥尼尔·罗宾斯和詹姆斯·米德。参见欧文、马弗鲁第斯及赛克斯的《关于美国—英国战后贸易体制谈判记述》。——作者注

任一缔约方可以享受其他缔约方能享受到的最低关税①。但是不久，世界贸易便灾难性地转向双边主义和相应的优惠贸易。

当时，为了把有限的世界需求转向本国的货物以重振本国经济，很多国家都针锋相对地采取保护主义和竞相货币贬值手段，导致大量使用配额（除非公开拍卖否则一定是歧视性的），这些保护主义措施也导致出现了以在必要时保持双边贸易平衡为目的的双边条约。如果你读过任何一篇关于这些现象的精彩文章，你一定会发现人们对此褒贬不一。

英国的贸易政策荣耀地始于皮尔首相（Prime Minisher Peel）②在1846年实施的单边自由贸易，其后数次战胜了转向保护主义和双边主义的企图（由于英国看到德国和美国的兴起挑战其贸易霸权地位）。然而，这一政策却在20世纪30年代被双边结盟所葬送。于是被认为是当时最成功的分析家汉斯·阿恩特在其由英国皇家国际事务研究所主持下编写的《20世纪30年代经济教训》中，对在英国出现的非歧视自由贸易政策的消亡，不得不写道：

---

① 本书词语解释中注明最惠国待遇有两种，一种是无条件的，我所指的就是这种；另一种是有条件的，即给予条约某一缔约方的贸易减让并不自动适用于其他缔约方，除非这些缔约方也作出某些相互的贸易减让。关贸总协定将把无条件的最惠国待遇作为其核心组织原则，只允许某些例外，如第二十四条规定允许自由贸易协定和关税同盟例外。——作者注

② 皮尔首相（Prime Minisher Peel）：托利党领袖，1834年~1835年、1841年~1846年两度出任英国首相。——译者注

"英国20世纪30年代贸易政策最明显的特征……是它的普遍倾向……转向国家干预和数量控制增加。在这方面,实行保护相对不重要……真正的转向……在于国家干预对市场力量的自由发挥的压抑,以及对外贸易从在英国贸易政策中有大量体现的'自然'渠道中转移出去……到1938年,英国近一半以上的对外(与非英联邦国家)贸易是在双边贸易、支付或清算协定项下进行的。"①

汉斯·阿恩特,著名澳大利亚经济学家,移民到伦敦,在伦敦皇家国际事务研究所从事他著名的两次世界大战之间时期的贸易体制的研究,揭示了在20世纪30年代世界是如何沦陷到保护主义和优惠贸易的。

---

① 参见汉斯·阿恩特的《20世纪30年代的经济教训》(伦敦:Frank Gass 出版社,1963年,第118页)。当时另一篇重要的研究文章是《两次世界大战之间时期的贸易政策:国际建议和本国政策》(日内瓦:国际联盟,1942年),特别是第八章。此后更尖锐的文章,请参见 P. 马赛厄斯和 S. 波拉德合编的《剑桥欧洲经济史》(剑桥:剑桥大学出版社,1989年)第八卷第十一章,以及查尔斯·P. 金德伯格的《两次世界大战之间时期的贸易政策》,特别是第三节"贸易战的爆发"。

20世纪30年代前的经济学家认为,英国曾一直将最惠国条款在贸易协定中适用于自身,而偶尔对贫弱国家免除对其履行最惠国条款的义务。参见阿恩特的《20世纪30年代的经济教训》第119页。——作者注

琼·罗宾逊，新剑桥学派最著名的代表人物和实际领袖，在西方经济学界素以"凯恩斯学派"代表人物著称。1937年她揭示了20世纪30年代出现的采用以竞相货币贬值为主要手段的"以邻为壑"政策的乱象，该观点同样适用于在美国《斯姆特—霍利1930年关税法案》出台后在全世界盛行的竞相提高贸易壁垒的现象。[图片作者为拉姆齐（Ramsey）及马斯普拉特（Muspratt）]

显然，每个贸易国家各行其是的保护主义破坏了世界贸易体制；各个国家奉行剑桥经济学家琼·罗宾逊的著名的被称为"以邻为壑"的原则，而且许多国家最终都被当作深壑被填满了。与此相反，采取合作态度的国家，没有采取保护主义，同意增加世界总需求（而不是寻求将给定的、不充分的世界需求量引向自己国家），很可能获得了更好的结果。

关贸总协定：重建非歧视自由贸易的首要地位

20世纪30年代的经历，以及对竞相关税升级和货币贬值之下世界经济沦入双边主义的反思，为正在构思的战后新型贸易框架提供了反面背景。 国际社会提出了成立国际贸易组织，作为与布雷顿森林机构（世界银行和国际货币基金组织）平行的第三个国际机构。 然而，它甚至未能获得美国参议院批准就胎死腹中了，结果只能谈判并签署了关贸总协定，临时用作将来范围更广的国际贸易组织的一部分。 该协定成为1948年后世界贸易治理的事实机构。

签署关贸总协定的目的在于通过 "规则" 和 "约束" 来治理和阻止竞相抬高贸易壁垒的做法，使各国难以自主竞相抬高贸易壁垒。 与此同时，关贸总协定寻求重建多边主义，并恢复能确保非歧视原则的最惠国待遇条款的核心作用（通过其具有核心意义的第一条规定）。 在美国的带领下，英国最终接受了这一条款（作为凯恩斯主义转向的一个实例）。

关贸总协定签署后，发起了数轮多边贸易谈判，使贸易壁垒在多边范围内以最惠国待遇为原则大大降低。 经过7轮成功的多边贸易谈判，富国的工业制成品贸易壁垒今天已经削减到几乎可以忽略不计的低水平（参见图1-1，该图显示了美国关税水平的

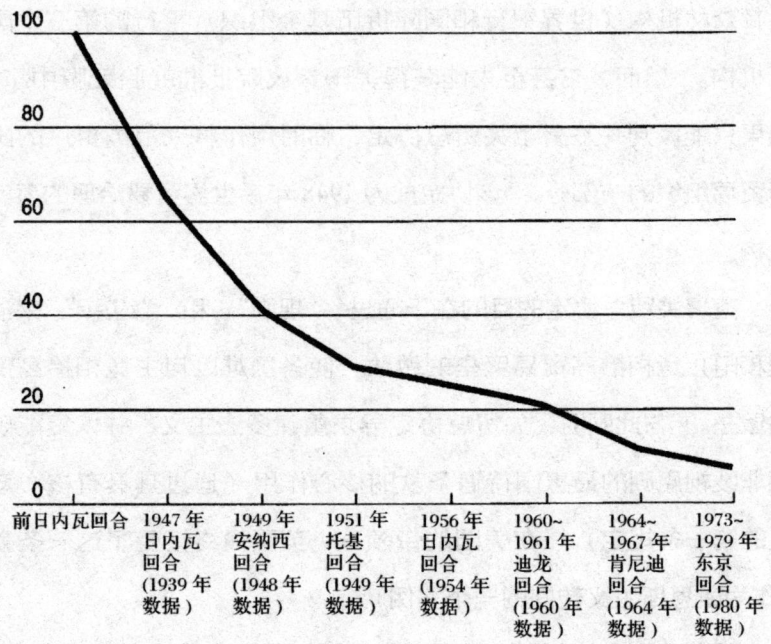

图1-1 关贸总协定各个回合及其贸易壁垒的减让

注：指数系平均加权税率〔由迈克尔·芬格（Michael Pinger）和世界银行提供〕降低的百分数计算得出，美国在东京回合后的关税平均加权税率降到4.6%。

大幅下降)①。 多边贸易谈判以被通俗地称为 "回合" 而广为人知，使我联想起乌拉圭回合期间它被许多不熟悉贸易谈判的人士误解为是一种新式拉丁舞的那个段子②。 多边贸易谈判在关贸总协定中也是一项核心原则，这意味着任何对最惠国待遇原则的例外都必须有明确规定。

令人遗憾的是，这种例外竟然通过关贸总协定的第二十四条关于自由贸易协定和关税同盟予以明确规定了。 原因何在？ 从历史记录看，似乎很少人会认为这种例外会被援用，除非在罕见情况下，因为大家认为，如果真正走向自由贸易并且把自由贸易扩大到几乎所有商品，就能抑制诉诸第二十四条规定的冲动。 它曾被绝妙地调侃为就像通过乱交和惩罚性交来禁止做爱，除非做爱在婚约上作为一项额外的承诺写明。

具有讽刺意义的是，正如我在本书后面要提到的，关贸总协

---

① 消减贸易壁垒也通过单边的自由化来实现，参见我主编的《单边行动：支持淡化自由贸易中互惠性的观点》（麻省，剑桥：麻省理工学院出版社，2002 年）。在关贸总协定主导下的贸易自由化真正地促进、扩大了贸易，但这一显而易见的事实却遭到安德鲁·罗斯的质疑 [参见他的文章《我们真地知道关贸总协定扩大了贸易吗?》（美国经济评论，第九十四卷，2004 年第 1 期）]。然而，他的分析方法没有考虑如果不在关贸总协定条件下会是什么情况，如果不在关贸总协定的规则、约束和持续地削减贸易壁垒，世界贸易能增长吗？难道战后的世界贸易不会沦入 20 世纪 30 年代那种被相对自由的游说团体操纵的随心所欲地诉诸保护主义手段乱象吗？——作者注

② 回合的英文词为 "round"，用于舞蹈方面可作双人圆舞解释。——译者注

定（现在是世界贸易组织）的很多成员都会考虑这种选择。更有甚者，如果优惠贸易协定的协定成员全部是发展中国家，根据一条新的授权条款①规定，第二十四条规定的纪律可以不再遵守了。②

优惠贸易协定的流行病

还有另外一个讽刺：在两次世界大战之间那个时期，优惠贸易协定的泛滥可归咎于对保护主义的无序追求，而保护主义本身又是由世界经济中出现的金融不稳定和宏观经济失衡促成的。而如今，优惠贸易协定的浪潮却是政治家们同样无序地错误追求自由贸易协定而产生的严重后果，因为这些政治家们（错误地）认为他们在走自由贸易之路。我将在本书第二章中深入地讨论这一问题。

---

① 授权条款（Enabling Clause）是在东京回合谈判中缔结方通过的一项协议。该条款规定，缔约国可给予发展中国家特别的和更优惠的待遇，而无须按照最惠国待遇原则将这种待遇给予其他缔约国，也无须得到关贸总协定的批准。授权范围有：1. 普遍优惠制；2. 多边贸易谈判达成的有关非关税措施的协议；3. 发展中国家之间区域性或全球性的优惠关税安排；4. 对最不发达国家的优惠待遇。——译者注

② 在本书第二章中，我最初旨在研究把关税同盟作为例外而设立的第二十四条规定是如何在后来关贸总协定条款最终形成时扩大到自由贸易区的。由于关税同盟的谈判难度更大（共同关税税则需要深入谈判和大量的政治承诺），第二十四条规定的适用范围扩大到自由贸易区是近几十年期间优惠贸易协定泛滥的另一种重要原因。——作者注

所以，世界上现已共有350多项在世界贸易组织备案的优惠贸易协定（详见图1-2）①，即使只算有实际运作的优惠贸易协定，预计总量仍很大（详见图1-3）。无论哪种统计方法，优惠贸易协定显然在持续增多。

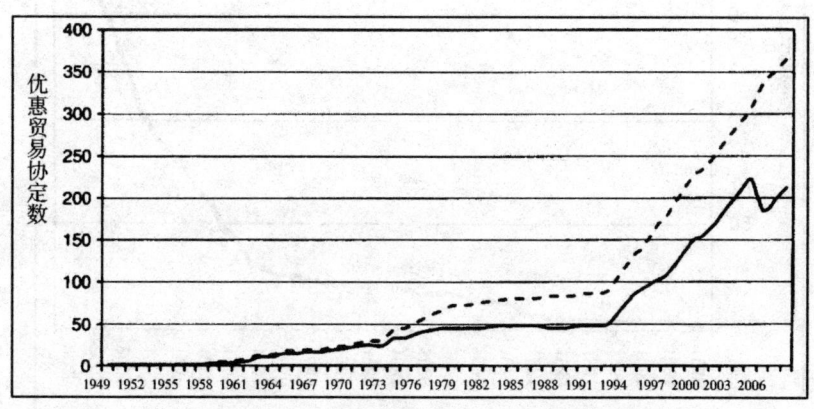

······已备案的总数　　　——实际运作的总数

**图1-2　在关贸总协定/世界贸易组织备案的
优惠贸易协定总数（1949年~2006年）**

资料来源：罗伯托·佛罗伦蒂洛（Roberto Flore ntino）、路易斯·沃德扎（Luis Verdeja）和克里斯泰勒·杜格伯夫（Christelle Tougeboeuf），世界贸易组织秘书处贸易政策审议处，日内瓦，2007年。

---

① 该总数大于目前仍有效的协定数，但该总数不包括已经签署但未在规定期限内获得批准的优惠贸易协定。此外，优惠贸易协定还要遵守关贸总协定/世界贸易组织其他条款的规定，这将在本书第二章中讨论。——作者注

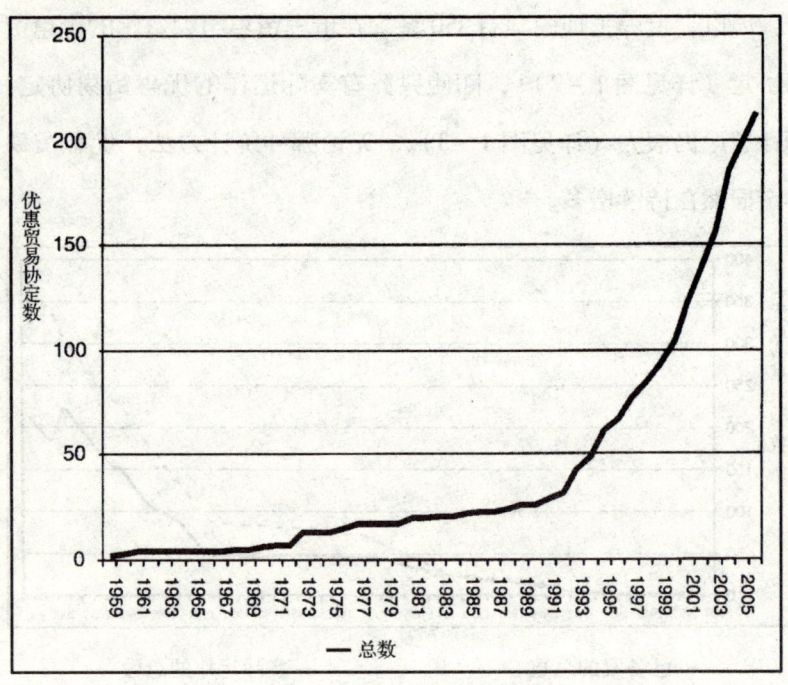

**图 1-3　在关贸总协定/世界贸易组织备案的实际
运作的优惠贸易协定总数（1959 年~2005 年）**

资料来源：罗伯托·佛罗伦蒂洛、路易斯·沃德扎和克里斯泰勒·杜格伯夫，世界贸易组织秘书处贸易政策审议处，日内瓦，2007 年。

在经济学家中，我是最早发出要反对优惠贸易协定的警告的，那时是 1990 年，我感觉到世界贸易中的非歧视规则正在面临一种系统性的威胁①。 当时，我是少数派，即使在经济学家当中也是少数派，许多人都认为我是一个"多边主义的痴迷者"。 站在我对立面的都是一些真正杰出的经济学家，包括曾任美国财政部部长的拉里·萨默斯（Larry Summers）② 和我过去在麻省理工学院的学生，现任《纽约时报》专栏作家的名人保罗·克鲁格曼。

但是，现在优惠贸易协定的泛滥，以及它的许多负面影响（详见本书第三章）都已经非常明显，而且对多边贸易体制的威胁比以往任何时候都严重。 我敢说，经济学界现在有成群的人转向我这一边。 时任关贸总协定总干事的帕斯卡尔·拉米曾有一次提到，现在世界上有半数的经济学家反对优惠贸易协定，我淘气地反驳他道，优惠贸易协定像是一个被法国贵族瞧不起的英国人。 事实上，应该说几乎所有经济学家都反对优惠贸易协定。

然而，几乎所有的政治家都移到了另一角。 面对他们的固执，我不得已只能用讽刺作家和漫画家喜爱的手法去尝试嘲笑他

---

① 我在1990年伦敦哈里·约翰逊讲座中明确提出这一问题，随后著成《风险中的世界贸易体制》一书出版。正如在本书前言中所提到，我还利用作为阿瑟·邓克尔的经济政策顾问的职务之便使他们支持把优惠贸易协定或（他们在过去的关贸总协定和现在的世界贸易组织中错误地称之为）区域主义问题作为关贸总协定特别年度报告的主题。——作者注

② 拉里·萨默斯（Larry Summers）：前美国财政部部长、哈佛大学校长。——译者注

们。我注意到，现在有动议构建环洋的优惠贸易协定：太平洋有太平洋自由贸易协定，现在称之为亚太自由贸易区；大西洋有北大西洋自由贸易区（即名副其实的北美自由贸易协定），它实际上虽然曾受到许多大西洋主义者①［包括雅各布·贾维茨（Jacob Javits）②参议员］的支持，但却未能获得批准（现在运行的优惠贸易协定虽然称为北美自由贸易协定，但名不副实，仅包括美国、加拿大和墨西哥，英文缩写为"NAFTA"，新西兰—澳大利亚自由贸易协定也使用这个英文缩写）。所以，我在一篇题为《贸易流域》的文章③中附了我女儿的世界地图，图上标有河流、海湾和湖，我在这些水体周围标注了一些我认为不可能签订优惠贸易协定的区域，当我发现在该文章发表时这些优惠贸易协定已经处在谈判阶段，我的惊讶程度可想而知。

随后我发现，优惠贸易协定这一流行病发源于欧盟，又被美国用粗暴的方式使其失控，欧盟仅对6个国家（地区）适用最惠国待遇，即澳大利亚、新西兰、加拿大、日本、中国台湾和美

---

① 指极力拥护或支持西欧与北美各国在军事、政治、经济方面密切合作的人士。——译者注
② 雅各布·贾维茨（Jacob Javits）：美国纽约州参议员。——译者注
③ 参见我所著《贸易流域》（《国际经济学杂志》，第四十二卷，第1~2期，1997年，第239~241页）。——作者注

国，其他所有国家（地区）只适用其优惠税率①。 帕斯卡尔·拉米当时还是欧盟贸易委员，我曾问他，为什么不把这种关税称为最不优惠国待遇关税呢？

简言之，我们现在再次处于一个恰如我们在20世纪30年代的那种充满歧视性贸易的世界，每个明智的人，不论男女都会感到恐慌。 这种状况是如何形成的？ 它正给我们带来什么损害？ 我们应如何应对它？

---

① 参见安德烈·萨皮尔《欧盟区域主义的政治经济学》（欧洲经济评论，第四十二卷，1998年，第717~732页）。当然，这6个国家（地区）包括日本和美国，因此如果从比最惠国待遇关税更低的关税所影响到的世界贸易的份额来观察，欧盟现行的歧视性关税也许并没有那么可怕。适用于不同发展中国家集团的非互惠的优惠关税也是对欧盟最惠国待遇关税的严重破坏。——作者注

第二章 流行病为什么会爆发?

优惠贸易协定目前已变成世界贸易体制中的一种传染病或瘟疫,这种状况是关贸总协定的设计者们甚至在他们最担心的时刻都可能未曾想到的,为了理解个中的众多原因,必须首先明白,很少有外行人和政策制定者能评判优惠贸易协定和真正的多边的、非歧视的贸易自由化之间的关键差异。

优惠贸易协定免费利用了人们的自由贸易情结

我在本书第一章中认为,知情的国际经济学家们均完全明白这样一个事实,优惠贸易协定代表了一种歧视现象,在历史上曾使人厌恶(实际上很卑鄙)。而这一历史背景,以及贸易歧视带来的问题却未能被公众明察。20世纪30年代的经历远没有给从50年代起影响政策制定的新一代人以警觉。

许多蒙眬地赞成自由贸易的人,以及那些倡导自由的国际经济秩序的发展中国家的政策制定者们(后来数年中支持全球化的先锋),把任何方式的自由化均视为好东西。如果你是一个自由贸易者,你一定会拥护各种贸易自由化:只要削减贸易壁垒,无论怎样都是好的。就像如果一位经济学家说，"倘若你希望削减国民预算中的支出，你要做的只是削减，无论你削减什么支出"，这种建议会立即被视为荒诞。不知何种缘故，鼓吹应当以各种方式实现贸易自由化的人却没有这么愚蠢，于是乎，在公共政策领域，主张歧视性地削减贸易壁垒的人成功地搭上了主张非歧视多边自由贸易的便车而从中受益。而且，由于第二次世界大战后消除贸易壁垒的力度非常大，以及关贸总协定支持下多轮多边贸易谈判的成功，推动了最惠国待遇性的贸易自由化（见图1-1），反对自由贸易协定和其他优惠贸易协定的情绪在公共的想象中便不再那么强烈了。

然而，尽管许多非专业人士和政治家都相信，即使歧视性地削减贸易壁垒，只要贸易壁垒降低就好，但越来越多的明智的国际经济学家意识到，自由贸易区（以及其他优惠贸易协定，如带有共同对外关税的关税同盟）是自由贸易和保护主义的混合体，为什么？

原因在于，自由贸易区组建后，成员国家之间的贸易壁垒被取消了，这当然使贸易比过去更自由了。但是，如果成员国家的对自由贸易区的对外贸易壁垒仍保持不变，那么非自由贸易区成员国家在成员国家的市场上（面对成员国家的竞争对手）便处于比以前更不利的地位，实际上是加大了保护力度。所以，自由贸易区具有两面性：成员国家之间贸易自由了，但对非成员国家而言却加大了保护。这意味着，自由贸易区与自由贸易具有本质上的区别。这种区别虽然微小，但至关重要（我们将在本书第三章中讨论它所造成的后果）。这一点要归功于雅各布·维纳，他是一位伟大的加拿大经济学家，曾在芝加哥和普林斯顿大学执教。第二次世界大战结束后，美国卡耐基国际和平基金会请他研究战后最佳国际贸易安排的问题。他当时警告不要认为他所宽泛地称为关税联盟的制度安排一定会具有增加全球福利的效应①。特别是，由于非成员国家受到歧视，因此，他尖锐地警告我们要警惕这样一个事实，即这种歧视性的贸易安排会把有效率、低成本的非成员国家的贸易转移到效率比较低、成本比较高的成员国家的供应商手中，因为后者不再缴纳前者仍需支付的关税。

在国际经济学领域，许多未受过专业教育的人并不了解自由贸易协定与真正的自由贸易之间的关键区别。不幸的是，许多经济学家也如此，他们对国际经济并没有真知灼见。美国在对北美自由贸易协定进行官方中期评估时，竟把评估工作外包给美国一家著名的咨询公司（Data Resources）。该公司分析其效应时，误把北美自由贸易协定的优惠贸易自由化混为最惠国待遇性的贸易

---

① 维纳在其经典著作《关税同盟问题》中详细论证了这一要点。他所进行的理论分析，主要是通过数学模型，所研究的优惠贸易协定类型是两个成员国家互相消除贸易壁垒但不像关税同盟那样建立共同对外关税。此后确实有过大量的学术分析并取得我现在的成果，其中不乏当时国际经济学的领军人物，包括哈里·约翰逊和理查德·利普塞。——作者注

自由化，忽略了这种优惠贸易协定的本质。其实，正如我在本书第三章将讨论到的一样，墨西哥在加入北美自由贸易协定后10年内收入增长与贸易增长并不同步。这种现象很不正常，因为贸易增长通常伴随收入增长。这也许可以归咎于贸易增长的真实来源是以牺牲北美自由贸易协定非协定国家低价供应商为代价的贸易转移。①

事实上，由于许多人认为自由贸易区和非歧视性自由贸易完全相同，所以，我一直认为，占当今优惠贸易协定绝大部分的自由贸易协定（只有两个例外，欧盟和南美的南方共同市场）应当被改称为优惠贸易协定。变换名称会突出一个事实，它们构成的贸易安排是优惠性（即歧视性）的，而称之为自由贸易协定则会误导人们认为它们只是自由贸易的一种类型。

我曾经在几年前新加坡的一次公开演讲中提出了这一观点，我在演讲中提到，政治家过去通常讲话比较慢，一般一口气不超过两个词。于是，当他们念"自由贸易协定"（Free Trade Agreement）时，会在前两个词"自由贸易"（Free Trade）后有一停顿。不幸的是，我后来发现听众里就有一些政治家。所幸的

---

① 我在本书第三章中指出，墨西哥和很多国家一样，由于在关贸总协定项下承诺约束的最惠国待遇关税一般高于实际实施的关税，因此在加入北美自由贸易协定后即使协定项下的关税减让表很严格，仍可以提高最惠国待遇关税。因此对非协定成员国家供应商的贸易壁垒反而提高了。——作者注

是，现在几乎所有人都用简称（即英文缩写 PTAs），避免了这场舌战。

关贸总协定放宽了对签署优惠贸易协定的限定条件

一方面，理论界对贸易自由化的歧视性方法与非歧视性方法的区别的广泛失语，助长了优惠贸易协定随着时间的推移而泛滥起来。另一方面，关贸总协定第二十四条（以下简称第二十四条）内含的作为不履行最惠国待遇义务而规定的比较严格的限定条件，渐渐被软化为无关紧要，这也是优惠贸易协定泛滥的罪魁祸首。一个被视为在优惠贸易协定签署前难以诉诸的例外渐渐容易了，从而把优惠贸易协定这支小河变成大江。这种变化通过3条主要路径实现。

首先，第二十四条规定的对最惠国待遇的例外的意愿要追溯到关于拟组建国际贸易组织的谈判，国际贸易组织被设想为与国际货币基金组织和世界银行平等的第三个国际组织，以监督第二次世界大战后的世界经济。可是，国际贸易组织没有体制化①。这条规定最初是由美国谈判代表为关税同盟设计的，当时美国极力鼓吹贸易的非歧视原则和最惠国待遇在战后

---

① 关于成立国际贸易组织的《哈瓦那宪章》未能获得美国参议院的批准，1950 年美国大选后杜鲁门当局撤回议案。——作者注

贸易架构中占首要地位。于是，对最惠国待遇的例外适用于有共同对外关税的优惠贸易协定，这显然是个难以满足的条件。

然而，随着国际贸易组织谈判的深入，美国本身也放弃了关税同盟这种限定条件，竟轻率地同意将例外适用范围扩大到没有共同对外关税的自由贸易区①。政治学家克里·蔡斯（Kerry Chase）追溯了这一变化过程并在档案中进行了惊人的披露。显然，美国的立场变化并不源于理念的改变，而是一种利己的盘算，原因是为了适应当时正在秘密谈判的美国—加拿大自由贸易协定，而这一协定最终也没有浮出水面。②

可怕的是，自由贸易区与关税同盟相比，达成协议的难度小得多，因为自由贸易区不需要就共同对外关税进行谈判，这也无

---

① 结果，关于成立国际贸易组织的1948年版的《哈瓦那宪章》在其第四部分"贸易政策"的第四十四条中，明确地包括了优惠贸易协定可以例外于最惠国待遇的规定。约翰·马蒂斯的重要著作《关贸总协定/世界贸易组织中的区域贸易协定》第二章提供了关于接受优惠贸易协定的例外的过程的全面介绍（但不包括克里·蔡斯后来的披露，详见本页下一注），他还提供了根据H. P. Widden所著《世界贸易中的优惠与歧视》（纽约：国际政策委员会，卡内基国际和平基金会，1945年）中关于第二次世界大战结束之时存在的优惠协定那一部分对我们很有帮助的评论。——作者注

② 参见克里·蔡斯的《妥协的多边主义：关贸总协定第二十四条规定秘史》（《世界贸易评论》，2006年3月，第1~30页）。——作者注

疑是我们如今只有两个关税同盟（欧盟和南方共同市场①），而自由贸易区的数量却大得多而且继续增多的原因之一。

其次，第二十四条规定的限定条件，无论是针对关税同盟还是自由贸易区的，都常常被忽略。这些规定原本旨在尽量减少对第二十四条规定的滥用，也确保非协定国家不会受到多于优惠贸易协定签署前的歧视。《服务贸易总协定》的第五条也含有同样的限定条件［《服务贸易总协定》的英文缩写是"GATS"，有人调侃说它之所以在中间加上贸易（Trade）这个词的第一个字母"T"，是因为避免与煤气（GAS）的英文词相同。让人联想到对联合国经济发展基金会英文缩写的处理：按正常方式应写为"UNFED"，但他们特意增加了"Special"，使其缩写为"SUNFED"，这会使人联想到产自美国佛罗里达州的新奇士橙子］。《服务贸易总协定》是支持世界贸易组织的三条腿之一，另外两条腿分别是原来的关贸总协定和乌拉圭回合结束后生效的世界贸易组织《与贸易有关的知识产权协定》。

作为第二十四条规定一大特点的限定条件原来是下面这样的：

自由贸易协定应包括一份确保优惠贸易协定从其签署时的状况"在合理期限内"向完全的贸易自由化过渡的计划和

---

① 即使南方共同市场后来也没有实质性地向关税同盟过渡，至少可以这样说。——作者注

关税减让表（第5款）。这将会避免"临时性协定"的期限非常漫长且不确定，而使贸易壁垒的优惠性减让在此期限内实际地转变为不到100%的全部优惠。①

必须在协定成员关境之间取消对实质性的所有贸易的"关税及其他对贸易的限制规定"（关贸总协定第十一条、第十二条、第十三条、第十四条及第二十条明确规定的例外除外）（第8款）。这再次显示了关贸总协定想消灭部分优惠减让的意图，因为这种优惠减让不是通过无限期地延长"临时协定"的期限来实现，而是采用对部分行业减让的方式来达到目的。

上述2项限定条件都旨在确保不形成大规模的部分优惠关税，除此之外，关贸总协定还担心会有优惠贸易协定不被用于提高对非协定国家的关贸总协定缔约方的贸易壁垒。鉴于此，维纳尖锐地指出，由于歧视性的优惠贸易协定一定会加重非协定国家在优惠贸易协定市场的竞争劣势，所以第二十四条规定的真正目的在于确保不对非协定国家提高优惠贸

---

① 在严格的理论中，特别是经济学家詹姆斯·米德（关贸总协定的设计者之一）认为，优惠贸易协定中100%歧视性关税减让并不一定好于贸易壁垒的部分优惠减让。但请记住，坚持100%的关税减让，其原因几乎肯定是出于一种政治经济学的观点，即旨在尽量减少对第二十四条规定的援用。另外，我在自己的著作《处在风险之中的世界贸易体制》（第64~66页）中讨论了100%优惠的正确合理性——作者注

易协定签署时已经适用的关税和贸易限制水平（第5款）。

然而，真实的情况是，这些限制条件被软化了。按照著名的贸易法教授约翰·杰克逊（John Jackson）①的观点，这种软化要归咎于美国对欧洲一体化的支持态度，美国从政治上考虑希望欧洲一体化能作为对前苏联及其对西欧造成的可怕威胁的潜在平衡力。当欧洲共同市场这个不完整的关税同盟组成时，尽管明显不完全符合第二十四条规定的限定条件，但美国却对其另眼看待。②

人们逐渐了解到，在聪明的律师能够在第二十四条规定中发现的歧义的缝隙中，官僚们竟能遛马甚至遛大象。什么叫必须"实质性地涵盖全部贸易"？60%或者80%，还是90%？是不是无论百分之几，削减都必须在全境或者整个产业（比如农业或高科技产业）中？"合理的"期限也变成一项约束力很弱的限定条件。后来，关贸总协定的缔约方曾试图在《关于解释第二十四条规定的1994年备忘录》中写入更软化的文字，结果写成优惠贸易协定必须遵守的期限"除特殊情况外不得超过10年"，并且仅仅要求如果这一期限不够用时，应向世界贸易组织货物贸易理

---

① 约翰·杰克逊（John Jackson）：世界著名国际经济法学专家、美国乔治敦大学法学院教授、《国际经济法学杂志》主编，曾任美国贸易代表办公室法律总顾问，被世界同行誉为"世界贸易组织之父"。——译者注

② 参见杰拉德·柯森（Gerard Curzon）《多边贸易外交》（纽约：Praeger出版社，1966年），特别是第206~208页。——作者注

事会提交一份详细的说明。①

确实，随着时间的推移，第二十四条规定的"纪律"被严重软化，越来越让人担忧第二十四条规定会变成世界贸易中最惠国待遇及其相应的非歧视原则的一项例外，这会让我们后悔不该当初。 早在1970年，另一位贸易法专家肯尼斯·达姆就写下了下面这段文字：

纪录令人感到不舒服……在10多个先于关贸总协定存在的区域协定（即优惠贸易协定）中，也许只有一个完全符合第二十四条规定的限定条件，即最近签署的英国—爱尔兰自由贸易区，而即使对这个协定，工作组（关贸总协定为审查所提交的自由贸易协定是否符合第二十四条规定而专门设立的）也颇有质疑。有些区域协定太离谱。欧洲煤钢联营（欧洲共同市场的前身）只包含两类产品，甚至不符合第二十四条第10款对特殊的区域协定准许免责的条件，而应适用第二十六条第5款规定的一般免责。新西兰—澳大利亚自由贸易协定，虽然不像人们所称的那样是"功能性一体化"的范例，但规定了更小比例的协定成员之间贸易的自由化。有迹

---

① 参见日本著名贸易法专家松下满雄提供的1994年后有价值的分析《自由贸易协定在关贸总协定第二十四条规定中的法律特征》。松下满雄及阿恩·杜克戈恩合编了《世界贸易组织与东亚：新的前景》（伦敦：Cameron May出版社，2004年）。——作者注

象表明，临时协定的过渡期越来越长，所含关于可能实现关税同盟或自由贸易区的具体承诺也越来越少。①

后果果然如此，即使现在，欧洲共同体（即欧洲联盟）是否完全（区别于"基本上"）符合第二十四规定并不是不重要了。世界贸易组织意识到对第二十四条规定的"纪律"的偏离现象，已开始寻求加强审查，并对新的优惠贸易协定实行真正的监督。特别是1996年，世界贸易组织新设立区域优惠协定委员会，责成其审查提交备案的优惠贸易协定是否符合第二十四条规定。近年来，根据第二十四条规定谈判签署的区域协定有所收敛，特别是在"实质性涵盖全部贸易"方面，似乎越来越多的此类优惠贸易协定涵盖到所有工业制成品。至于实现协定国家之间贸易自由的期限，总体上说，最近几年趋向于10年左右或者偶尔更多一些②（各区域优惠贸易协定在自由贸易的途径选择上不尽相同，有些国家以其他方式增加减让，另一些国家，特别在南美，采用提前实施优惠的方式）。③

---

① 参见肯尼斯·达姆《关贸总协定：法律及国际经济组织》（芝加哥：芝加哥大学出版社1970年，第290页）。——作者注

② 参见乔·安·克洛福德（Jo-Ann Crawford）和萨姆·莱尔德（Sam Laird）《区域贸易协定与世界贸易组织》（诺丁汉大学经济发展与国际贸易研究中心研究文件，2000年1月）。——作者注

③ 我之所以关注这些差别得益于卡蒂·索米内（Kati Suominen），他与安东尼·埃斯特瓦德奥尔达尔（Antoni Esteradeordal）和马修·希勒（Matthew Shearer）一起对南美地区的优惠贸易协定进行了大量的研究。——作者注

然而，事实是，正如律师詹姆士·马西斯（James Mathis）所认为，在世界贸易组织的审查中，政治因素大于法律规定。审查构成一种行政行为，也可能在随后的法律审查中具有法律效力，但法律审查却很罕见①。最终，对于第二十四条规定和早期关贸总协定专门工作组及后来世界贸易组织区域贸易协定委员会〔这个名词似乎叫得不妥，因为越来越多的优惠贸易协定（如以色列—美国自由贸易协定）成员国家，从任何意义上讲均不能称之为区域国家〕而言，当几乎所有成员国家似乎都加入了这场角逐时，很难找到严肃纪律的政治支持。投向别人的石头有可能会转向自己。确实，既然优惠贸易协定从欧洲蔓延到美国然后又到亚洲，实际上已没有任何一个国家能在执行第二十四条规定的纪律方面起引领作用了，世界贸易组织的看门狗职能沦为宠物狗。

再次，对第二十四条规定的限定条件的最严重的无视是对发展中国家的特殊待遇。20世纪70年代，越来越多的发展中国家寻求并被给予后来很著名的特殊差别待遇。从本质上讲，特殊差别待遇意味着发展中国家可以有好几种方式不履行作为关贸总协定缔约方应履行的义务而仍享有相应的权利。它扩大了发展中国

---

① 参见辛迪·克恩的《用最惠国待遇和"帝国优惠制"的观点促进自由贸易区》（密歇根国际法学报2005年第26期，第569页），以及马蒂斯的《关贸总协定/世界贸易组织中的区域贸易协定》。除极少例外，没有协定国家向世界贸易组织专门工作组提交过涉及第二十四条规定的诉讼。——作者注

家在关贸总协定多边贸易谈判回合中已经获得的非对等待遇，即要求发达国家把谈判达成的关税减让给予发展中国家，但不要求发展中国家作出对等的关税减让。

特殊差别待遇带来的直接后果便是普遍优惠制（GSP，简称普惠制），普惠制可以使符合条件的发展中国家非互惠地享受发达国家在其关税减让表中列明的优惠。普惠制于 1970 年 10 月在联合国贸易和发展会议上达成的一项谅解备忘录后次年开始实施①。普惠制背离了最惠国待遇规则。最初，在 20 世纪 60 年代，只有很少几个发达国家有选择地对发展中国家给予特殊差别待遇，它们没有遵守最惠国待遇规则的做法，是通过逐案批准免责的方式来达成的（根据第二十五条规定）。然而，由于这种免责方式必须是逐案的，故而在东京回合谈判期间，发展中国家提出并获得批准设立一个框架小组承担建立一个机制解决对发展中国家单向优惠的特殊差别待遇问题的任务，于是便产生了关贸总协定缔约

---

① 联合国贸易和发展会议（简称联合国贸发会）的第一任秘书长劳尔·普雷维什是来自阿根廷的杰出经济学家。该组织起源于对贸易相关的发展问题的关注，并被看做是对关贸总协定在此方面的制衡。它在引入一系列有影响的新理念方面发挥了显著的作用，如对关税升级的首个系统分析、服务贸易及熟练工人移民流等，并从此被引入多边贸易谈判和关贸总协定本身的运作。然而，随着关贸总协定的影响扩大及发展中国家在协定中的地位增强，联合国贸发会的作用受到质疑。2006 年，总干事素帕差指定的名人小组（前巴西总统费尔南多·卡多佐任组长，我是成员之一）报告了世界贸易组织的前景。关于联合国贸发会新面临的问题分析，参见《关于增强联合国贸发会的发展作用和影响的报告》（日内瓦，联合国贸发会）。——作者注

方的一项决议，称之为授权条款。

授权条款使普惠制和其他给予发展中国家单向非互惠性优惠待遇的做法合法化。 授权条款还为某个完全不同的做法提供了法律庇护：它为发展中国家规避第二十四条规定开辟出一条捷径，只要优惠协定是 "最不发达的国家之间互相对从别国进口产品减让或取消关税……（及）非关税措施" 即可。①

于是，只要某一个优惠贸易协定的协定国家中没有发达国家，授权条款便允许发展中国家规避第二十四条规定的所有纪律。 所以， "必须实质性地涵盖全部贸易" 的规定，以及必须有明确承诺取消所有贸易壁垒的限定条件都名存实亡了。 对 "部分优惠"、 "按行业优惠" 及 "低于100%" 这3个限定条件，在任何水平上择一即可，这是在鼓励他人违反纪律。 图2-1表明了根据1979年授权条款、 第二十四条规定和 《服务贸易总协定》

---

① 在许多地方都能找到关于特殊差别安排和授权条款的历史沿革的非常优秀的阐述，特别推荐的有《对发展中国家的优惠贸易安排的前景》（日内瓦：联合国粮农组织经济社会部，2004年）；保罗·克鲁格（Paul Kruger）《授权条款与第二十条规定》（南非国际贸易法研究中心通讯，2006年1月13日）。但是，马蒂斯的《关贸总协定/世界贸易组织中的区域贸易安排》的第34～36页记录了在《哈瓦那宪章》中发现了另一个软化最惠国待遇限定条件（而不是软化优惠贸易协定）的授权条款的前身，即《日内瓦宪章》草案的第十五条关于对毗邻关境或属于同一经济区域的关境之间的优惠的例外，其标题为 "经济发展和重建的优惠协定"。该第十五条规定既不要求互相减让也不要求贸易关税减至零，很像如今的授权条款。该条规定并不明确针对发展中国家，但它的标题却让人以为倘若国际贸易组织被美国上议院批准很可能就是如此。——作者注

第五条规定，向关贸总协定/世界贸易组织备案的优惠贸易协定的数量及按所援引的规定进行的分类。有人估计未备案的按授权条款实施的优惠贸易协定有 30 个，数量要比已备案的多一些。①

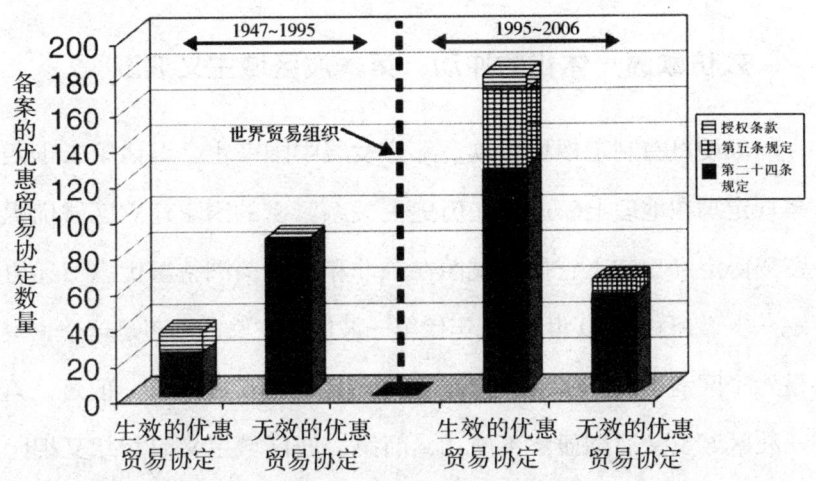

图 2–1　向关贸总协定（1995 年前）及
世界贸易组织（1995 年后）备案的优惠贸易协定

资料来源：世界贸易组织贸易政策审议处，日内瓦，2007 年。

第二十四条规定对发展中国家的特殊待遇于是成为优惠贸易协定泛滥的推手。它对诉诸授权条款的发展中国家是有害的，这一点几乎可以自证（我们将在本书第三章讨论当下优惠贸易协定泛滥造成的后果）。但是，我必须坦率地说，授权条款被其支持

---

① 免责条款还被少量用于使某些自由贸易协定合法化。——作者注

者解释为反映了发展中国家对"政策空间的需要"。我对这一观点的反驳是,有一个人朝自己的脚上开了一枪,当别人问他为什么这样做,他解释说他在运用"政策空间"。

效仿欧洲一体化的冲动:第一波区域主义浪潮

即使没有制定授权条款,部分发展中国家也会诉诸第二十四条规定与在地理上邻近和在历史上关系紧密的国家建立区域优惠贸易协定(事实上它们曾试图在东非和拉丁美洲签署优惠贸易协定)。我所称的20世纪60年代第一波区域主义浪潮正是这个,也是为了区别于20年以后出现的第二波区域主义浪潮[①]。但是,第一波区域主义浪潮显然不成功,而第二波区域主义浪潮却又相比之过于成功并导致当下爆发了优惠贸易协定的"流行病"。

尽管第一波区域主义浪潮肯定是受到欧洲共同体第一步及其后来向完全一体化迈进的影响,但两者的主导动力则完全不同。随着绝大多数国家把工业化作为主要发展目标,以及在战后为推动工业化奉行进口替代政策,对于那些本国市场很小的发展中国家的政策制定者们来说,显而易见,要生产所有产品,但产量不大,成本会高昂,但如果它们共同签署一项优惠贸易协定并在协定国家之间实行专业化分工,同时对富国维持较高关税壁垒以扶

[①] 参见我所著《风险中的世界贸易体系》第五章。——作者注

植本国工业，这样会降低它们奉行进口替代政策的代价。例如，倘若坦桑尼亚、肯尼亚和乌干达三国各自都生产产量很小的鞋、衬衣和手镯，由于生产中的规模经济效应无法被利用会使成本很高，但如果坦桑尼亚只生产鞋，肯尼亚只生产衬衣，乌干达只生产手镯，然后互通有无，它们都将能以低得多的成本实现同样程度的工业化，因为各国都能利用更多的规模经济效应。①

尽管有过一阵发起东非共同市场和拉丁美洲自由贸易区的运动，但未见任何成果，为什么？理由相当简单，这些发展中国家想通过政府来配置它们之间的进口替代资源，然后通过管理贸易来支撑这种配置和优惠贸易协定内的国际分工，而不是相互之间实行贸易自由化让市场来决定这种配置。由政府来决定资源配置的极端困难性，以及做出这种决定的政治活动使建立自由贸易区的所有进口替代的努力全部化为灰烬。贸易本身就会引导生产的国际分工，但这些优惠贸易协定试图用另一种方法来实现国际分

---

① 在关于优惠贸易协定的学术文献中，对支持这种赞同自由贸易协定的论据背后存在的理论，有许多研究。早期的经典作家有 C·A·库珀和 B·F·马塞尔哈里、约翰逊及我本人。后来提供有说服力的分析的经济学家有阿文德·潘娜嘉利雅和普拉文·克里什纳，他们真正有力地证明了（应用默瑞·坎普和万又暄的理论观点），如果关税联盟设计恰当，在它所涵盖的这些发展中国家中，对于某一给定值的进口替代而言，规模经济并不一定是降低其代价的支持论据。我、潘娜嘉利雅和施瑞尼瓦桑合编的研究生课程《国际贸易讲座》第三十一章及其附录提供了我们著作的参考文献和一场对这一问题的理论上势均力敌的讨论情况。——作者注

工，真是本末倒置。

人们很可能会问，为什么欧洲共同体不会得到其他发达国家的效仿？ 这里，美国在贸易非歧视原则方面的决定性和主导性角色起到了重要作用。 但这种作用近年来已经不幸崩溃（原因下面将讨论）。 美国长期以来一直置疑歧视性的贸易协定，因此严格限制自己诉诸第二十四条规定的例外。 1958年欧洲共同体的建立成为一个分水岭，但被理解为只是美国的立场这块铁板上的一个小裂缝。 美国完全是因为把欧洲的联合视为抑制前苏联扩张的防御工事，才全力支持欧洲一体化，通过谈判绕过数项第二十四条规定的限定条件。 于是，欧洲共同体根据某个免责条款保留了对非洲18个原殖民地的歧视性优惠，这也得到了美国的认可。 但如果美国用这种方式支持欧盟，便不利于欧盟成为欧洲自由贸易区，因为自由贸易区即使被第二十四条规定允许也仍是一个歧视性贸易协定。

但美国一直寄希望于通过肯尼迪回合实现贸易自由化的多边主义和非歧视原则。 一方面，由于邻国在政治上很重要，因而，区域主义具有意义，恰如一个人对其家人的关注一定多于对距离自己更远的其他人的关注。 因此，美国通过诸如进步联盟（Alliance for Progress）①（对于南美而言）一类的倡议来推动区域主义，但不涉

---

① 进步联盟（Alliance for Progress）：1961年在美国创立，目的是协助拉丁美洲加快社会与经济发展。这是肯尼迪时期提出的通过对发展中国家进行资金援助，从而达到控制发展中国家，扩张势力范围的一种行动。——译者注

及贸易事务，只涉及民主和提供援助渠道等支持。 另一方面，尽管利用第二十四条规定所获得的眼前的利益始终很诱人，但贸易问题通过当时正在进行的肯尼迪回合来解决，而且美国人对优惠贸易协定没有耐心。

第二波区域主义浪潮：对优惠贸易协定的新理性

虽然第二十四条规定的限定条件的软化和授权条款的实施助推了优惠贸易协定的泛滥，但优惠贸易协定并没有取得太大进展，因为美国的政治领导人不愿意忘记两次世界大战之间那个时期的教训，并对贸易歧视提出警告。 第一波区域主义浪潮步履蹒跚，第二波区域主义浪潮却自20世纪90年代初期便取得了巨大成功（从图1-2、1-3和2-1可以看出）。 事实上，不仅加入优惠贸易协定的协定国家数量急剧增加，而且有些国家（地区）同时成为好几个自由贸易协定的协定国家，少数国家甚至在优惠协定的"乱交"中同时上几张床。 例如，墨西哥和欧盟各自最终加入了10多个优惠贸易协定，其他国家（地区），如巴西、委内瑞拉和智利都各自成为5~10个优惠贸易协定的协定国家。 图2-2显示了截至2006年年底在世界地图中出现的自由贸易协定（仅在货物贸易领域）。①

---

① 地图由世界贸易组织秘书处提供。秘书处还制作了一张服务贸易的类似世界地图。两张图均由一位学识渊博的经济学家制作，他是克莱门斯·布内坎普（Clemets Brondamp），世界贸易组织秘书处贸易政策审议处处长。——作者注

图 2-2 2006年12月加入的优惠贸易协定（货物贸易领域）

图例：1~4　5~9　10~19　20~26　无数据（货物贸易领域）

资料来源：世界贸易组织秘书处贸易政策审议处，2007年，日内瓦。

由此导致的贸易体制的复杂性及其严重后果我们将在本书第三章中提供资料并进行分析。现在让我们来讨论一下一些重要因素，因为这些重要因素促使形成了被称为第二波区域主义浪潮的非常明显也很可悲的转折。

美国改变主意了

美国在第一波区域主义浪潮时放弃奉行它自己的双边主义，改变主意决定放弃其对贸易多边主义的独家推崇，这一事实可能是区域主义形成第二波浪潮的主要原因。回想起来，在20世纪60年代，已经有规模很小但影响不小的诉诸第二十四条规定发起的北大西洋自由贸易协定的运动。但那是北大西洋自由贸易区，既不是现在由美国、加拿大和墨西哥三国组成的北美自由贸易协定，也不是新西兰—澳大利亚自由贸易协定。其实，正如了解历史的学者们所知，我们不得不面对多个类似这样的自由贸易协定。①

首个类似这样的自由贸易协定（即北美自由贸易协定）受到了一些人的吹捧，包括在美国和英国的著名大西洋主义者（Atlan-

---

① 下面的历史分析均出自我的论文《超越北美自由贸易协定：克林顿的贸易选择》（《外交政策》，第91期，1993年春夏季版，第155～162页）。——作者注

ticists)①。他们中间许多人受到一种渴望的驱使，即构建一个自由的经济协定，以阻止欧洲共同体朝着法国社会主义的、反安格鲁—撒克逊学派的方向发展。与此同时，在英国有许多人属于亲欧派，他们认为法国不会允许英国加入欧洲共同体，因此英国如果想要加入一个更大的自由贸易协定或关税联盟，只能选择与美国和加拿大联手。戴高乐反对英国加入欧洲共同体的态度非常现实，是害怕英国扮演特洛伊木马②的角色，把美国的利益和影响带进欧洲共同体，破坏法国主张的把欧洲共同体变成反对美国霸权的堡垒的政策。

时任英国首相哈罗德·威尔逊在他的回忆录中提到英国《观察家报》1965年刊登的一幅漫画，漫画中个头矮小的威尔逊首相说："我甚至刚醒来就疲倦了。"对面高大的戴高乐将军手里拿着一根听诊器回答道："嗯，都是那些深夜打往华盛顿的电话，您

---

① 支持者还包括著名的经济学家如加拿大的哈里·约翰逊及美国杰出政治家如雅各布·贾维斯。部分支持者甚至建议今后把北美自由贸易区扩大到其他国家特别是非跨大西洋国家，将其变成一个具有明确的、逐渐且很快达到世界性多边自由贸易目标的自由贸易协定——一种良好但不现实的愿景，在关于自由贸易协定及其对多边贸易体制的影响的讨论中屡屡出现。——作者注

② 特洛伊木马：在古希腊传说中，希腊联军围困特洛伊久攻不下，于是假装撤退，留下一具巨大的中空木马，特洛伊守军不知是计，把木马运进城中作为战利品。夜深人静之际，木马腹中躲藏的希腊士兵打开城门，特洛伊沦陷。后人常用"特洛伊木马"这一典故比喻在敌方营垒里埋下伏兵里应外合的活动。——译者注

需要的是独立的对越南政策。"其实,戴高乐将军直言不讳地道出了他对英国的怀疑。1967年12月,在戴高乐将军表态反对英国加入欧洲共同体前夕,他曾仔细询问过威尔逊首相这一问题。正如威尔逊首相在回忆录中所写,"倘若法国真正相信英国在诸如防务政策一类,以及在亚洲、中东、非洲和欧洲地区的所有重大问题上正在摆脱美国,整个形势会截然不同"。①

英国加入欧洲共同体市场是在美国的要求下作出决定的,目的在于遏制法国,法国总统戴高乐心里明白,他把英国视作一匹特洛伊木马。在这幅漫画(引自1965年3月3日出版的《观察家报》)中,戴高乐的猜疑是用对越南政策的语境来表明的,即医生戴高乐告诉疲倦的病人哈罗德·威尔逊首相,这种疲倦应归咎于"深夜要给华盛顿打电话"。

---

① 参见哈罗德·威尔逊的《首相的成长》(伦敦:Weidenfeld and Nicolson and Michael Joseph 出版社,1986年)——作者注

所以，美国曾设想它本身可以为英国和其他英语国家提供一个组建欧盟式的优惠贸易协定的政策空间，而法国对英国加入欧盟的勉强态度对这一想法带来了一些促动。于是，某些人开始质疑"美国绝不诉诸第二十四条规定"的观念。

欧盟的"轴心寻找轴条"：美国的回应

欧盟在动摇美国反对第二十四条规定的坚定立场方面还发挥了另外一个作用。绝大多数国家（当然包括美国）不反对欧盟的深度"一体化"模式。按照这种模式，欧盟内部贸易自由化被视为仅仅是欧洲人正在努力实现的一体化（尽可能地接近一个欧洲合众国）的一个部分。欧盟的"核心"，从6个国家扩大到现在的27个国家，很难用狭义的贸易标准来认定——那样会本末倒置的。

但是，欧盟核心国家所代表的轴心，出现了越来越多根由它与非欧盟成员国家签署的优惠贸易协定（基本上是贸易协定）组成的轴条。对欧盟委员会的委员们而言，寻求更多这样的轴条，就像在帽子上插羽毛那样已成为一种时尚。结果，轴条不断增多。欧盟的做法可以被恰当地描绘为"轴心寻找轴条"。

毫无疑问，美国最终放弃其独自的对自由贸易的多边主义，让一些国家的贸易谈判代表想到了关贸总协定投票表决时出现的轴心—轴条的现象。但这种感觉肯定被夸大了，因为投票模式和轴条国家均被解释为具有新殖民主义行为，如法国进入到非洲心脏。此外，美国也被出乎寻常地指责为拥有自己的"外国军团"，特别是在南美洲，这些国家经常乐意与"美帝国"投同样立场的票，即使他们国家的许多公民都谴责这种依附。

美国向南美提供贸易，但不免除债务

美国走向优惠贸易协定的进程始于美国—以色列自由贸易协定（这是一种纯政治现象，与经济无任何关系，因为以色列在美国政治中属于特例），同时也被另一种因素所推动。在詹姆士·贝克（James Baker）① 任美国国务卿时期，北美自由贸易协定启动后，美国决定签署更多的优惠贸易协定，以提供贸易来回应日益增大的来自南美国家要求免除债务的压力（令其十分头痛）。"搞贸易，不搞援助"，这一曾十分流行的口号被改造成（肯定是由于财政部门的压力）"搞贸易，不搞债务免除"。南美国家表示愿意签署优惠贸易协定，虽然只有研究档案资料才能证明南美国家的表态是美国的代言还是南美自己独立地做出的反应，但无论怎样，美国成为好几根轴条的轴心已成事实，而且此后贝克

---

① 詹姆士·贝克（James Baker）：詹姆斯·艾迪生·贝克三世，美国政治家，政党竞选活动家和律师。曾经是福特、里根、老布什、小布什4任美国总统的竞选顾问，曾任美国白宫办公厅主任、美国财政部部长和美国国务卿。——译者注

及其副手罗伯特·佐利克（Robert Zoellick）①（他在乔治·W·布什当政时再次出山任美国贸易代表，推动了美国与摩洛哥、新加坡和约旦的优惠贸易协定）又寻求在世界范围内联结轴条，例如，与埃及的优惠贸易协定。

美国寻求平息国内的保护主义

可以说，另外一个重要的动因是两个建议的结合。第一个建议是，美国在20世纪80年代里根当政时（不幸地）奉行保护主义政策，因为美元被严重高估，不断有保护主义的法案被提出。里根总统从本质上讲并不是保护主义者②，他曾不得不向大声疾呼的国内游说团体投些保护主义的面包碎屑。但是，这些面包碎屑都变成了整块的面包（如1981年要求对日本的汽车实行自动出口

---

① 罗伯特·佐利克（Robert Zoellick）：美国政治家，曾任美国贸易代表、美国副国务卿和世界银行行长。——译者注

② 里根总统曾在尤里克大学学习过经济学，但他对自由贸易的情结则与其所学的我自己为写此书而引用的主张更自由的贸易的经济学无甚关联，而是出自他对美国的强大信心。政治家用头脑赞成自由贸易十分罕见，因为更自由的贸易会导致市场的达尔文进化式竞争，只有那些相信他们的企业家会取胜的人才会投票赞成自由贸易。这里，里根和布什两位总统坚定的、一模一样的对美国的强大信心使他俩均强烈支持自由贸易，即使他们不得不时而向保护主义让步。——作者注

限制——不超过220万辆)①。

里根的顾问认为,在汇率未变化(1985年出台了关于汇率的《广场协定》)前,平息和包容保护主义的唯一方法是通过提供海外市场来调动出口利益,别无其他选择。然而,第二个建议便随之产生。当美国在1982年费尽九牛二虎之力提出发起新一轮多边贸易谈判时,欧洲国家和发展中国家竟不同意(只有在1986年,通过埃斯特部长宣言才终于启动乌拉圭回合)。美国最终别无选择,只能走上双边之路,开始了旷日持久的美国—加拿大自由贸易协定谈判,并于1989年签署协定。②

美国的两条腿走路方针

虽然美国的货币被高估的问题得到解决,乌拉圭回合多边谈判也正式启动,但美国并没有立即放弃它的双边优惠战略。如果高速公路关闭,走普通公路是条对策,但我们必须要问:高速路开通了,美国为什么还坚持签订并且试图签订更多的优惠贸易协

---

① 1985年,里根总统正式取消自动出口限制措施。但许多经济学家认为,尽管如此,日本仍会继续限制其出口,因为日本人相信只要放松其汽车出口,一定会招致美国国会更强硬的保护主义报复。——作者注

② 其实,乌拉圭回合谈判于1986年达成一致,早于美国—加拿大自由贸易协定正式签署3年。然而,优惠贸易协定的游戏已经开始,无论是美国还是加拿大均不愿意结束游戏并把精力集中到日内瓦的多边贸易谈判上。——作者注

定呢？答案之一是领导能力的缺乏。任职于美国国务院的罗伯特·佐利克和彼得森国际经济研究院院长、华盛顿特区智库成员弗雷德·伯格斯腾（Fred Bergsten）①，两人都是非常有能力，但都不是科班出身的专业经济学家，他们认为优惠贸易协定可以与多边贸易谈判齐头并进，"人可以用两条腿走路"，而且优惠贸易协定甚至会加速多边贸易谈判，因此对多边自由贸易而言，它就像我们所称的"垫脚石"而不是"绊脚石"。然而，事实上，两条腿走路的结果是在爬，带来了一个无序、充满歧视的世界，我在本书第三章中将讨论这个问题。于是，在有缺陷的理论影响下，美国没有起带头作用并在欧盟的双边引擎中扔沙子，而是加入了优惠贸易协定的争先恐后潮。

美国国内官僚和种族压力

官僚主义的因素也推波助澜。首先，每个推动这些优惠贸易协定的官僚都身居高位，往往都是大使一级的。随着优惠贸易协定的增多，官僚们的级别也在提高。其次，专门负责某项优惠协定的高官（在美国国务院很少有这种情况，尽管他们试图扩大管理范围）都希望优惠贸易协定给他们自己的家乡

---

① 弗雷德·伯格斯腾（Fred Bergsten）：美国经济学家、政治顾问。并任基辛格的国际经济事务助理和美国财政部的国际事务部部长助理，现任彼得森国际经济研究院院长。—译者著

带来利益。 美国主导的优惠贸易协定向南美的扩展肯定受到美国行政当局中继续推动优惠贸易协定的人士欢迎，无论是他们在政府任职还是离开政府加入联邦或地方政府的智囊团。 当他们成为国内游说团体人士时（这种情况很常见），他们也会继续鼓吹优惠贸易协定 [有个真实的例子是，墨西哥萨利纳斯政府曾高价雇用副总统劳埃德·本特森（Lloyd Bentsen）的主要助手担任北美自由贸易协定的游说人士]①。 再次，一旦走优惠贸易协定之路成为一项官方政策，种族群体就会加入游说，要求与他们的祖国签订优惠贸易协定。 于是，在美国的印度籍商人一般都会成为美国—印度自由贸易协定的支持者。

发展中国家介入其中

为什么优惠贸易协定在发展中国家也泛滥？ 原因是多方面的，但必须区分两种不同情况：一种是发展中国家之间签订的优惠贸易协定，一种是发展中国家与某个超级大国或地区（如美国

---

① 游说活动非常密集，据说花费了墨西哥萨利纳斯政府 2500 万美元。如果墨西哥人能如此有效地玩转美国式的游说游戏，肯定会使它具备加入北美自由贸易区的条件！ 果然，支持北美自由贸易协定的游说还有效地抓住了媒体，还有一位著名的经济学家来积极推动北美自由贸易协定，并吹嘘他与萨利纳斯总统关系亲密，总统曾赠给他一幅很昂贵的画，现在就挂在他的住所里。媒体也对北美自由贸易协定做了大量的正面宣传，以至于只要有一条重大新闻，在对北美自由贸易协定的支持者中都包括我。实际上，我当时却拒绝在任何支持北美自由贸易协定的请愿书上签字。——作者注

或欧盟）签订的优惠贸易协定。①

第一种情况：发展中国家之间的优惠贸易协定

驱使发展中国家之间签订优惠贸易协定的动因有以下5个：

1. 持保留态度的自由贸易主义者害怕来自发达国家的竞争，觉得发展中国家应当学会同与它们自己发展水平相当的国家竞争，然后再在最惠国待遇的基础上开展全球自由贸易。这一理念也被称为"三轮脚踏车"理论：在学会骑两轮脚踏车前，你应当学会骑三轮脚踏车。然而，没有证据证明，发展中国家没有努力以合适的价格发掘贸易机会，只要回想一下朝鲜战争时期的韩国（一群小村庄）是如何取得大发展并通过一种超乎寻常的出口业绩使其在没有任何双边或优惠贸易安排的优越条件下有资格加入经济合作与发展组织（OECD）的。此外，与"三轮脚踏车"理论相比，还可以用游泳来打比方：最有效的学游泳方法应当是教练把你扔进水

---

① 区分这两种不同情况（发展中国家之间和发展中国家与某个超级发达国家之间签订的优惠贸易协定）的重要性，最早见诸我和阿文德·潘娜嘉利雅的《优惠贸易区和多边主义——陌生人、朋友还是仇敌？》一文。该文最早发表于1966年，编入潘娜嘉利雅和我合编，美国企业研究所出版的关于优惠贸易协定的文集中，并曾作为我、克里什纳和潘娜嘉利雅所著《贸易集团》一书的再版的第二章。——作者注

里。或者再想想另外一个比方：如果你只和那些水平与你一样差的人打网球，你的球技永远不会提高。虽然这些比方并不能说服你，但经验证明，竞争并不需要你的脚踏车上有第三个轮子。尽管某些优惠贸易协定会使成员国家收入下降，但很少人愿意汲取这一教训。

2. 发展中国家还赞成这样一种观点：联合起来签署优惠贸易协定会改善他们在贸易谈判特别是国际贸易谈判中讨价还价的地位。毫无疑问，这是构建南方共同市场（由阿根廷、巴西、巴拉圭和乌拉圭组成的关税同盟）的动因，但必须指出，与欧盟不同，南方共同市场是各国自行对外谈判，而欧盟是作为一个整体与他国进行贸易谈判的。

3. 部分中等收入的国家一直以来很纠结，多边贸易谈判及它们媒体的新闻报道通常都以欧盟贸易委员和美国贸易代表为中心，连大的发展中国家都只配扮演"打酱油"的角色。组建它们自己的优惠贸易协定会给较小的参与者一个显要的地位，即使是在它们自己的地盘。从这个角度看，在多哈回合项下世界贸易组织坎昆会议上实现的更大的发展中国家 G20 的联合非常重要，它使这些国家在多边贸易谈判中获得一个政治筹码，尽管佐利克看上去被此举所激怒。

4. 一个"见样学样"的因素。倘若其他许多国家都在参与优惠贸易协定，你也将会想要参与，因为通常认为多数人做的事情就是正确的。特别是当欧盟和美国正在扩散优惠贸易协定时，去找你们的贸易部部长和总理，告诉他们不应当创建自己的优惠贸易协定，这会自讨苦吃，他们很可能会告诉你还是回到大学老老实实地教书吧。

5. 被忽略的事实是，破坏多边贸易谈判的正是优惠贸易协定，因为它离散了政治和行政资源及支持贸易的国内游说团体，让他们离开多边贸易谈判（我将在本书第三章中讨论）。许多发展中国家越来越多地引用防止多哈回合失败的"保险"作为奉行优惠贸易协定的理由。新加坡总理李显龙表达得最为经典，他曾在 2006 年 11 月由越南举办的亚太经合组织会议上说过"我们不能把磁盘驱动器毁了"及"自由贸易协定对确保我们的贸易联系十分必要"。他解释道："（因为多哈回合前景不明朗）我们需要购买保险，我们买保险的方法是与我们的主要贸易伙伴谈判双边自由贸易协定……如果世界贸易体系出现问题，我可以通过双边自由贸协定进入这些市场。"① 中国在扩大自己的优惠贸易协定时也表达了同样的观点。然而，尽管新加坡的观点看上去似是而非（因为即使多哈回合在接下来的几年中不能结束，我们也没有理由认为会爆发保护主义，所以保险是为了什么尚不清楚），但中国人更为现实，因为尽管它加入了世界贸易组织，但仍不能完全解决有些国家通过反倾销和其他干扰措施来阻止其市场准入的问题。特别的双边安排很可能给了中国人一份它需要而且对它有价值的保险。

第二种情况：以大国为中心的优惠贸易协定

发展中国家与一个大国签署优惠贸易协定时，其动因会因国家而异，必须进一步区分发展中国家的动因和根据大国特点所形成的动因。让我们讨论一下下面5种观点：

1. 是一种保险。对某些发展中国家而言，签署优惠贸易协定是一种保险。所以，新加坡的领导人没有隐瞒真相，它与美国签署自由贸易协定的目的在于想使美国介入亚洲事务。我也许可以精彩地诠释新加坡前总理李光耀多年前对我说的话的实质：日本在第二次世界大战期间在亚

---

① 参见 www.bilateral.org 网站上的2006年11月的报告，该网站旨在共享信息并推动反对双边协定的合作。——作者注

洲声名狼藉，我们不能让美国离开亚洲。与此相类似，美国—韩国自由贸易协定也是出于保险的目的考虑的。韩国东临日本，西临中国，北面接壤朝鲜，保持与美国的贸易伙伴和盟友关系是其核心利益所在，尽管韩国年轻人经常表示出反美情绪。

2. 是一种信誉。支持以大国为中心的优惠贸易协定的人士还认为，此类优惠贸易协定为发展中国家提供了一种信誉，即他们的经济改革政策不会改变，在国际上可以赢得声誉和资本。所以在北美自由贸易协定谈判期间，墨西哥公开表达它的观点：它的全面经济改革的信誉将得到保证，而且这些改革将被协定进一步"锁定"，因为北美自由贸易区很难解体，协定一旦生效，区内贸易将自由化。不过，第一个因素似乎被夸大了，因为墨西哥同时也签署了加入关贸总协定的协议，这也能作为墨西哥改革的一项信誉。此外，改革的信誉取决于多种因素，如国家领导层是否有能力实施已宣布的改革并进行到底，并不只取决于是否加入北美自由贸易协定或关贸总协定。第二个因素有些价值：北美自由贸易协定一旦生效确实很难解体（虽然在2008年参议员克林顿和奥巴马竞选民主党总统竞选人提名时极力反对北美自由贸易协定多少影响到这一观点)。然而，它的确提出一个有意思的问题：用这种方法让萨利纳斯总统（是他签署的北美自由贸易协定）来捆住未来各位墨西哥总统的手是真正的民主吗？我们知道，尤里西斯（Ulysses）① 聪明地在帆船驶过海峡前自缚双手，但在这里我们的尤里西斯在试图捆住别人的手。

3. 是一种担心。正如理查德·鲍德温（Richard Baldwin）② 特别强调的，某些发展中国家想与已与其他国家签有此类自由贸易协定的大国签署自由贸易协定，原因很简单，它们担心如果不这样，它们在大国国内市场的贸易会转移到其他国家。其中，马来西亚和新加坡就表示过这样的担心。

---

① 尤里西斯（Ulysses）：古希腊神话中特洛伊战争的英雄。传说，西西里岛附近海域有一座塞壬岛，长着鹰的翅膀的塞壬女妖日日夜夜唱着动人的魔歌引诱过往的船只，尤利西斯曾路过塞壬女妖居住的海岛。之前早就听说过女妖善于用美妙的歌声勾人魂魄，而登陆的人总是要死亡。尤利西斯嘱咐同伴们用蜡封住耳朵，免得他们被女妖的歌声所诱惑，却让同伴们把自己绑在桅杆上，并告诉他们千万不要在中途给他松绑，而且他越是央求，他们越要把他绑得更紧。果然，船行到中途时，尤利西斯看到几个衣着华丽的美女翩翩而来，她们声音如莺歌燕啼，婉转跌宕，动人心弦。听着这美妙的歌声，尤利西斯心中顿时燃起熊熊烈火，他急于奔向她们，大声喊着让同伴们放他下来。但同伴们根本听不见他在说什么，他们仍然在奋力向前划船。有一位叫欧律罗科斯的同伴看到了他的挣扎，知道他此刻正在遭受着诱惑的煎熬，于是走上前，把他绑得更紧。就这样，他们终于顺利通过了女妖居住的海岛。——译者注

② 理查德·鲍德温（Richard Baldwin）：瑞士日内瓦研究生院国际经济学教授。——译者注

然而，这种理由是否站得住脚要取决于已签署自由贸易协定的伙伴国家有无能力阻止其特有的、优惠的市场准入受到其他与该大国签署自由贸易协定的国家的损害，以及它是否有足以消除这种贸易转移损害的能力。

4. 是一种针锋相对。在创建优惠贸易协定的各种动因中，还有一个"针锋相对"的动因，它与"消除贸易转移损害"动因恰恰相反，是用一个优惠贸易协定来报复另一个优惠贸易协定。当欧盟开始添加其"轴条"时，美国也扩大自己的优惠贸易协定，其中的原因可以部分地用这个动因来合理地诠释。我们有一个时间离现在更近的例子，也有同比性。当美国决定开放像北美自由贸易协定这样的自由贸易协定并且随后决定向南推进以构建美洲自由贸易协定时，没有邀请亚洲国家加入这样的优惠贸易协定。于是，现在的东南亚国家联盟（东盟）优惠贸易协定项目，如东盟+1，东盟+3，东盟+6，便没有包括美国，而是以亚洲为中心。所以，美国担心如果它选择了南美地区这个经济发展缓慢且不稳定的地区，会失去经济活力要大得多的亚洲地区。结果，美国贸易代表办公室一阵忙碌，还通过像弗雷德·伯格斯腾这样的朋友，在亚太经合组织主持下来推动亚太自由贸易区，敦促亚洲、太平洋国家（其实就是美国）不要分裂。

5. 是一种条件。大国推动优惠贸易协定走向多边自由贸易道路的最大动因曾经是想利用它们的自由贸易协定来推动非贸易议题。特别是美国国内游说团体曾成功地迫使美国政府和国会与小国一对一谈判许多他们关注的非贸易领域的减让,这些减让曾是批准自由贸易协定的先决条件。最近期的实例有,秘鲁在与美国签署由美国众议院的民主党批准的自由贸易协定前,被迫对其劳工法进行修改。记载那次众议院投票结果的照片很能说明问题:照片上秘鲁总统阿兰·加西亚(Alan García)曾是法国左翼哲学家和行动主义者雷吉斯·德布雷(Rgeis Debray)的得意门生,也是一位社会主义者,但他却屈从有"资本主义者"和"新帝国主义者"之称的美国的众议员查尔斯·兰格尔(Charles Rangel)和参议员卡尔·莱文(Carl Levine),以争取他们投票赞成秘鲁的自由贸易协定。这两位议员像某个宗主国统治其殖民地的总督那样咧着大嘴笑。

在美国劳工联合会—工业组织代表大会(以下简称劳联—产联)的率领下,劳工联盟的游说团体,以及要求超越在金融危机时期限制采取资本控制措施和在世界贸易组织的协定下对知识产权进行保护限制的其他国内游说团体,现在已经绑架了美国的贸易政策。他们是如何做到这样的?这种情况会给世界贸易体制和发展中国家带来什么后果？我们将在下一章进行深入分析。

秘鲁总统阿兰·加西亚宣布秘鲁—美国自由贸易协定已签署。对于秘鲁的法律规定几乎是众议员兰格尔和参议员莱文钦定的，美国国会作为一个批准秘鲁—美国自由贸易协定的前提条件，强行将已批准的劳工标准加入秘鲁的法律中。（图片来源于位于美国华盛顿特区的秘鲁大使馆）

第三章 为什么优惠贸易协定是世界贸易体制中的瘟疫?

在过去的20年中,对优惠贸易协定的担忧随着其泛滥而迅速加剧。尽管经济学家们(极少数例外)已经对其发展提出警告,但泛滥仍在加速,并且成为政治家的一个嗜好。它的消极面究竟是什么?经济学家们究竟担心什么?

贸易转移

反对优惠贸易协定的传统观点很简单,正如我在本书第二章开头所说,认为优惠贸易协定会把贸易从有成本效率的非协定国家转移到效率相对低的协定国家。毫无疑问,原因是非协定国家仍要缴纳签定优惠贸易协定前的关税,而协定国家则从此降低了市场准入的成本。

显而易见,这种向生产成本相对高的协定国家的贸易转移必然会破坏资源在协定国家之间有效率的配置,而且由此会减损经济学家们称之为的"世界福利",或者用更漂亮的字眼,即"世界性受益"。让我们再次提及雅各布·维纳,他是首个提醒人们关注因为优惠贸易协定中贸易壁垒歧视性削减而引起贸易转移可能性的经济学家。他的研究主要聚焦优惠贸易协定对世界性受益的影响。但对经济学家而言，这种贸易歧视会损害实现贸易自由化的国家本身，这一点是相当明显的。为什么？因为当一个国家（我们称它为"本国"）转向优惠贸易协定内成本更高的供应商时，它所购买的进口产品价格会相对比较高，产生了经济学家所称的"贸易条件"损失。

对于反对优惠贸易协定的观点而言，贸易转移并不是一个能压倒一切的论据，因为优惠贸易协定也会带来贸易创造，而贸易创造则可以弥补贸易转移的损失，从而获益。贸易也许会增长，因为本国的消费者现在在国内市场上以较便宜的价格支付，尽管来自协定国家的供给成本高了，但与协定签署之前相比，本国消费者要支付的价格还是比较便宜。再者，本国进口竞争生产者也会随着优惠贸易协定运行后进口产品的国内价格下降而减少他们不效率的生产，这也会带来具有福利增加意义的贸易创造。所以，具体某个导致贸易转移的优惠贸易协定给一个国家会带来损失还收益，取决于贸易转移与贸易创造这两项效应的力量对比。①

---

① 这种贸易转移和贸易创造是在一个简化的框架中进行的，旨在说明优惠贸易协定导致的贸易转移问题的实质。理论上严谨的分析，读者可参考我和克里什纳、潘娜嘉利雅合著的《贸易集团》一书第二章。——作者注

雅各布·维纳（1892~1970），加拿大经济学家，曾任美国芝加哥大学和普林斯顿大学教授，是他那个时期最伟大的经济学家之一，而且可以说是他那一代国际贸易经济学的领军人物。他是研究优惠贸易协定的第一人，揭示了优惠贸易协定会导致贸易转移，对优惠贸易协定的协定国家和世界范围的资源有效配置都有害。（图片来源于普林斯顿大学图书馆缮本及专册部）

然而，对贸易转移的研究分析，后果真正严重的是，有造诣的经济学家可以不再像过去那样假惺惺地称优惠贸易协定可能是把会伤到自己的双刃剑，与如何实现贸易自由化无关。于是，如果某些政策制定者认为所有贸易自由化，无论是双边的、诸边的还是多边的都有好处，那他们就真的在公然违抗科学，而且缺乏诚信。就像某些人所说，只要能增加财政收入，什么税都可以征收。确实，我曾对著名经济学家拉里·萨默斯表露过对贸易转移的担忧。拉里·萨默斯担任世界银行副主席时对优惠贸易协定持纵容态度，后又任过美国财政部部长。我对他说过，"如果有人请我到华盛顿当财政部的顾问，并且认为所有税收都同样可接受，您会立刻让我回哥伦比亚大学，因为在那里我造成的破坏会小一些，是吗？"

恰巧，优惠贸易协定的支持者们对贸易转移现象也很得意。让我们看看他们的主要观点：

1. 有明显证据证明，在许多产品和产业中都存在着激烈的竞争，很少产业或产品能逃脱这种竞争，因为它们不具备竞争优势的"厚"边际，只有这种"厚"边际才能提供抗击比较优势损失的"减震器"[1]。所以，由于优惠贸易协定取消了关税，但对非协定国家仍保留关税，即使很低的关税也会带来贸易转移。

2. 比较优势很单薄，也说明我们现在所拥有的比较优

---

[1] 我在著作《捍卫全球化》（纽约：牛津大学出版社，2007年）的"跋"中讨论了支持这一现象的理由及其对应对全球化的影响。——作者注

势，是变化无常的比较优势，或者是经济学家用行话称为"刀刃"的比较优势。很多国家对某些"近距离"的竞争对手很容易失去比较优势，这些竞争对手可能会自来数量不等的外国供应商。因此，即使优惠贸易协定今天不会带来贸易转移，在一个比较优势变化无常且迅速转移的世界里，你拥有竞争优势的产品种类永远处于变化之中，任何一点优惠都可能在不远的将来，甚至今天，带来贸易转移。

3. 尽管第二十四条规定要求组建优惠贸易协定时不得提高对外关税，以防止损害非协定国家的利益[1]。事实是，如果对外关税（最惠国待遇关税）被约束在一个高于实施关税的水平上，它肯定会被提高。在这些情况下，优惠贸易协定的协定国家可以自由地把最惠国待遇的对外关税提高到约束水平，因为一般来说，如有一个大国参加，列入

---

[1] 这一限制条件即使当外部贸易条件适应性很强时也会引发贸易转移，而且损害协定国家而不是非协定国家。但是，非协定国家在贸易条件可变时也会受到损害。张东文和阿兰·温特斯在其所著《区域集团是如何影响被排除的国家的：南美共同市场的价格效应》（《美国经济评论》，第九十卷，2001年第4期）中提供过此类非协定国家贸易条件效应的实证证据。近期此方面的理论著作还有远藤雅大、滨田弘一和下村浩司合著的（手稿尚未发表）《优惠贸易协定不用补偿毗邻国家就能惠及它们吗？》（耶鲁大学，2007年12月），其中揭示，实际上优惠贸易协定除非伴有关税减让或补偿转让，一般地说，合理的限制都会损害非协定国家。——作者注

优惠贸易协定减让表的关税减让很难被中止①。事实也是这样，1994年墨西哥比索危机发生，墨西哥将502项对外关税从20%或以下提高到35%，而这时北美自由贸易协定规定的墨西哥对美国和加拿大货物关税减让则没有受到影响而改变。因此，无论制定第二十四规定的立法者们的本意如何，贸易转移的预期实际增大了。

4. 对优惠贸易协定的组建，第二十四条规定只冻结了对外关税，不允许提高对外关税，但它没有触及"行政保护"（如反倾销和其他由行政当局采取的措施）这一现实。这种保护措施不仅有弹性，而且在实践中可以被自由程度不等地运用或滥用。贸易壁垒可采取反倾销措施，你会觉得世界真正处在危险之中，因为反倾销措施在实际中运用起来很武断而且完全出于保护主义目的，导致最初的具有福利增加性质的贸易创造会通过对非协定国家采取反倾销措施而被改变成有害的贸易转移。于是，倘若一个协定国家正在协定内国家的本国获得市场，它就会用效率比较低的生产和来自另外一

---

① 正如彼得罗斯·马弗鲁第斯提醒我，如果按第二十四条规定签署优惠贸易协定，协定国家有权将其对外关税从现行的水平提高到约束水平。所以，当约束关税高于实施关税时，第二十四条规定的约束对对外关税不具有任何效力。实际上，绝大多数都是这种情况，只是不同国家程度各异。——作者注

个协定国家的进口去替代效率比较低的本国生产来创造贸易，那么竞争压力减小的原因是采用反倾销措施抑制从非协定国家进口，而不是允许国内产业让位于从某个协定国家进口。在这种情况下，从协定国家具有贸易创造性质的进口会被对来自非协定国家的进口采取具有贸易转移性质的限制措施所替代。

对外关税所产生的这样一种"内生性"的回应，通常以反倾销措施的面目出现，践踏了第二十四条规定的精神。第二十四条规定的原意在于明确禁止提高对非协定国家的贸易壁垒，但它只适用于关税措施，而没有延伸适用于"行政保护"。[①]

5. 有足够证据证明，优惠税率适用协定国家产品时，对其原产地认定所采用的含量标准也会引发贸易转移。最典型的是，为了享受有美国参加的优惠贸易协定的优惠税率，产品生产中所使用的进口原材料和零部件通常必须产自美国。比如，出口到美国的服装要想享受优惠税率，就必须是使用美国的纺织原料生产的。这自然地把纺织原料的贸易从效率

---

① 此问题是我在《区域主义与多边主义——一个评论》一文（编入德·梅洛和潘娜嘉利雅著《区域一体化的新维度》一书）中首次提到。在我和潘娜嘉利雅著《优惠贸易区与多边主义，陌生人、朋友或仇敌?》一书第64~66页有详细研究。——作者注

比较高的非协定国家转移到效率比较低的美国纺织原料生产者。

6. 许多分析人员不明白贸易转移和贸易创造之间的区别，把所有贸易增长都视为福利增加。然而，最近一些熟悉贸易转移现象的分析人员尝试了用所谓的"重力模型"对贸易转移进行评估。这一模型始于几十年前，只作为一个收入和距离的函数来说明两个国家之间的贸易。杰弗里·弗兰克尔和魏尚进[1]两位经济学家是使用重力分析来评估贸易创造和贸易转移的先锋，他二人应用这一简单的模型作为任何一对（2个）国家的收入和人均收入的函数，加上按统计程序调整后的双边距离来评估它们之间的全部贸易[2]。比如说，如果这些国家属于西半球而且它们之间的贸易要多于与西半球以外任何一对国家的贸易，这就意味着西半球这些国家之间的优惠贸易协定产生了贸易创造效应。但很明显，即使不考虑其他反对观点，分析中存在的真正问题是，优惠贸易协定中的

---

[1] 魏尚进：美国哥伦比亚大学教授，是当今国际经济学界非常具有影响力的经济学家，被誉为"华人首席经济学家"，他的主要研究领域是国际金融、国际贸易、政府治理等。——译者注

[2] 用技术术语讲弗兰克尔—魏的评估模型使用了虚拟变量，如两个都在西欧的国家变量值为1，其他类型的国家为0。我感谢阿文德·潘娜嘉利雅、加利·霍夫鲍尔和其他人，特别是潘娜嘉利雅在他最初的弗兰克尔—魏分析及他后来自己的变量中，带我进入了统计程序领域。——作者注

一对国家之间的贸易增长会同时产生贸易创造和贸易转移两种效应，以至于我们不能简单地只从这个程序就推理出贸易创造。因此，最近基于重力模型的评估，尽管在最初的弗兰克尔—魏的方法上改进了变量，而且有时（但不总是）让人觉得优惠贸易协定实际上更多的是产生贸易创造而不是导致贸易转移，仍不能被视为是对认定优惠贸易协定是否导致贸易转移问题的可信的引导。①

7. 有部分经济学家曾提出，我们不必担心贸易转移，如果优惠贸易协定是"天然贸易伙伴"之间签订的，优惠效应会占主导。最初赞成这一观点的保罗·旺纳科特（Paul Vonnacott）②和马克·卢兹（Mark Luts）③称："如果优惠贸易协定的潜在协定国家是天然贸易伙伴，贸易创造效应将很大而

---

① 某些经济学家曾直接提出福利效应问题，他们使用可计算的一般均衡模型来比较不同贸易政策条件下的福利收入，例如，在多哈回合条件下的多边自由贸易条件与现有及潜在的优惠贸易协定条件之间相比。经济学家清田造和斯特恩应用密歇根可计算的一般均衡世界生产模型和罗伯特·斯特恩、艾兰·迪道夫及德鲁希拉·布朗开发的贸易模型，计算出多边贸易自由化条件下的获利明显大大高于优惠贸易协定政策条件下的获利。——作者注

② 保罗·旺纳科特（Paul Vonnacott）：美国经济学家，曾先后任美国哥伦比亚大学、马里兰大学及密度伯瑞学院教授。——译者注

③ 马克·卢兹（Mark Luts）：美国经济学家，国际货币基金组织事务局经济学家。——译者注

贸易转移效应会很小。①"认定优惠贸易协定的贸易伙伴是天然贸易伙伴的一个标准是它们之间已经达到一定的贸易量,另一个标准是地理位置毗邻。这两个标准一个都行不通。②

　　首先,请注意,虽然某些经典作家,包括保罗·克鲁格曼和拉里·萨默斯这两位重量级的大腕,曾在某些场合认为两项标准不能同时运用。没有证据表明,拥有共同边界的一对毗邻国家或者拥有共同边界的几个国家互相之间的贸易量一定超过不毗邻的国家之间,或者如果把各对国家的贸易量按两国之间的距离远近程度来排列,距离与贸易量被显示为呈反比关系③。表3-1列出了1980年、1985年和1990年3个年份主要区域按目的地统计的贸易量④。还有一些引人注

---

　　① 参见保罗·旺纳科特和马克·卢兹的《这是支持自由贸易区的论据吗?》,编入杰弗里·斯科特主编的《自由贸易区与美国贸易政策》(华盛顿:国际经济研究院,1989年)。——作者注

　　② 以下讨论出自我和克里什纳、潘娜嘉利雅著《贸易集团》第二章中所假定的"天然的贸易伙伴的分析"。——作者注

　　③ 我相信,通常情况下就是这样,即使我们不得不仅拿单独一个国家与每一个其他国家(而不是把所有有可能成对的国家捆绑在一起)进行测算。我也许要补充说,重力模型显示距离对贸易量至关重要时只采用了一个偏导数,即只考虑了距离。而本书中的讨论,由于适当地处理了克鲁格曼和萨默斯提出的"贸易量"和"地理上相近"的模型,因此只涉及距离和观察到的贸易量之间的关系。——作者注

　　④ 关于该表及这一问题的进一步讨论,请参见我和潘娜嘉利雅的《优惠贸易区与多边主义——陌生人,朋友或仇敌?》第59~61页。——作者注

目的实例,智利与阿根廷毗邻,但在1993年,智利的全年出口总值中只有6.2%,进口总值中只有5%是走向和来自阿根廷的①,而美国与智利不毗邻,两国在地理上也不接近,但1993年美国进口了智利16.2%的出口,智利进口的24.9%来自美国。按照贸易量标准便会得出美国而不是阿根廷是智利的天然贸易伙伴的结论,即使从广义上讲,这也明显与将贸易量标准运用于区域标准的主张相矛盾。所以,必须分别评估这两个标准及确保贸易转移降至最低和确保优惠贸易协定的优惠效应,我们接下来讨论它。

表3-1 1980年、1985年及1990年主要区域的出口方向

出口区域	年份	北美	西欧	欧洲	东亚*	拉丁美洲	非洲	中东	南亚
北美	1980	33.5	25.2	27.4	15.8	8.9	3.3	4.2	1.0
	1985	44.4	19.3	21.0	15.5	5.9	2.5	3.2	1.0
	1990	41.9	22.3	23.4	20.4	5.0	1.7	2.6	0.8
西欧	1980	6.7	67.1	71.9	2.9	2.4	7.2	5.5	0.7
	1985	11.3	64.9	68.9	3.6	1.6	5.2	5.0	0.9
	1990	8.3	71.0	74.4	5.3	1.1	3.3	3.3	0.7

---

① 参见阿文德·潘娜嘉利雅的《美洲自由贸易区:对拉丁美洲是利好吗?》(《世界经济》,第十九卷,1996年第5期,表3及表4)。——作者注

续表

出口区域	年份	北美	西欧	欧洲	东亚*	拉丁美洲	非洲	中东	南亚
欧洲	1980	6.3	63.7	72.7	2.7	2.3	6.9	5.5	0.7
	1985	11.0	63.5	69.2	3.4	1.6	5.1	5.0	0.9
	1990	8.2	70.6	74.5	5.2	1.1	3.3	3.3	0.7
东亚	1980	26.0	16.8	18.9	29.9	4.1	4.4	7.4	1.8
	1985	37.8	13.6	15.5	25.3	2.8	2.2	5.1	2.0
	1990	31.9	19.8	20.7	32.3	1.9	1.6	3.0	1.5
拉丁美洲	1980	27.9	26.5	35.1	5.4	16.6	2.7	1.9	0.5
	1985	35.8	25.9	30.4	7.1	12.1	3.7	3.0	0.7
	1990	22.9	25.3	27.6	10.3	14.0	2.1	2.4	0.4
非洲	1980	27.4	43.6	46.1	4.3	3.2	1.8	1.7	0.3
	1985	14.8	64.9	69.3	1.8	4.2	5.1	2.2	0.7
	1990	3.0	66.0	68.0	4.6	0.6	12.8	4.4	3.6
中东	1980	11.5	40.3	41.5	28.7	5.0	1.5	4.1	2.5
	1985	6.2	15.0	17.7	1.5	0.3	1.4	8.7	0.4
	1990	17.8	48.6	53.0	9.1	1.2	3.6	8.5	0.9
南亚	1980	10.9	24.6	39.4	14.5	0.5	6.8	14.5	5.6
	1985	18.4	20.8	37.0	16.4	0.4	4.6	11.0	4.4
	1990	17.1	30.1	46.6	18.3	0.3	2.7	6.5	3.2

注：*，东亚不包括中国。

资料来源：贾格迪什·巴格沃蒂、普拉文·克里什纳和阿文德·潘娜嘉利雅合编《贸易集团：另一种分析优惠贸易协定的方法》（麻省，剑桥：麻省理工学院出版社，1999年）

天然贸易伙伴：贸易量标准

首先，应用这一标准时存在一个不可迁移性的问题。对于 A 国而言，其与 B 国的贸易份额可能在其贸易总额中占比很大，但对于 B 国而言，与 A 国的贸易份额可能微乎其微。因此，A 国与 B 国是否是天然贸易伙伴取决于选择与哪个国家的贸易份额。

这使人联想到一个冷笑话，某个人对自己和对自己语言的准确性很得意，他说："我是他最好的朋友，但他不是我最好的朋友。"

其次，贸易量大是"天然的"结果，这一概念并不具有说服力。其实，从任何意义上，贸易量大的并不一定就是"天然的"。所以，海外组装加工（OAP）已经降低了以墨西哥为目的地国进口于美国的贸易量，原因在于，美国对在沿美国和墨西哥之间的格兰得河墨西哥出口加工区加工货物按海外组装加工办理，只对从美国进口的含量部分征关税。还有，美国—加拿大双边自由贸易区曾对进口汽车实行零关税，受到关贸总协定的处罚，被认定为是一种专门订制，没有按最惠国待遇规则扩展适用至世界上其他汽车生产商，显然给美国—加拿大的贸易加上了"非天然的"特征。再有，富有国家按普惠制项目单向给予的优惠，通过其他方式的产品选择，在提供普惠制优惠的富有国家中向有政治利益的特定区域倾斜，从而再次人为地扭曲贸易量。有人认为，最初的大量贸易必然意味着优惠贸易协定推动的贸易增长不是来自贸易转移，于是相信这种看法的人正在据此推理出，潜在的贸易创造并不来自过去的贸易转移。

再次，如果根据最初的状态特征来预言在边际会发生什么，通常会犯错误，现实中根本不存在对此效应的假定。优惠关税减让在某个水平上可以产生优惠效应，但随着贸易壁垒进一步降低，开始在边际创造损失。构建说明这一现象的模型并不困难，因此，仅仅因为早些时候有过获利而推断在边际也会获利，会大错特错。然而，请大家注意，比较优势就像当今世界多变的状态一样，正如我在本书前面所述，其变幻莫测的状态必然导致跨产业的变化。于是，贸易创造会在一个或几个产业领域转变为贸易转移，尽管贸易量仍很大而且保持不变。比较优势不会固定在某一静止水平上，这一事实意味着任何来自优惠贸易协定国家之间最初的大量贸易的保险都不能担保不会发生比较优势变化导致的贸易转移。

天然贸易伙伴：距离或运输成本标准

如果贸易量标准不足以证明优惠贸易协定会产生优惠效应，为避免贸易转移，我们能采用运输成本或者（经济）距离的标准来选定签署优惠贸易协定的国家吗？这种假定也不成立，我们很容易找到一个反证来否定这一命题。这一反证是由潘娜嘉利雅和我本人提供的,我们的反证显示,在一个由 A、B 两国组成的优惠贸易协定中,如果两国距离较远,相对于另一个由邻近的 A、C 两国组成的优惠贸易协定,A 国的收益会大一些。①

所以,虽然贸易转移不能被视为一种"非典理论",而且也肯定不是一个可以被忽略或轻易回避的学术异端,但经济学家们已提出通过修改第二十四条规定来使贸易转移最小化的路径。我们将在本书第四章中讨论它。

"意大利面条碗"现象:系统性风险

维纳担心优惠贸易协定会导致贸易转移,他的担忧迄今为止引发了对优惠贸易协定的系统性担忧。优惠贸易协定的泛滥已经表明,我们再也不能像关贸总协定中第二十四条规定的最初设计者那样,假装我们现在只分析孤立的优惠贸易协定。

优惠贸易协定的歧视性贸易自由化所导致的系统性问题以两种方式呈现。第一种方式,当一个国家签署了多个自由贸易协定时,同样的商品显然要被征收不同的关税,因为不同自由贸易协

---

① 详见我和潘娜嘉利雅著《优惠贸易区——陌生人,朋友或仇敌?》第 62~64 页。——作者注

定其关税减让的程度和范围都会不同①。第二种方式，比第一种方式要重要得多，而且也是一个最主要的事实，即优惠贸易协定对某个商品适用的关税必须取决于该产品被认定的原产地（内在地要求制订人为的原产地规则）。

优惠贸易协定的泛滥会导致贸易体制无序。阡陌纵横的优惠贸易协定，使一个国家不可避免地会与其他国家在多个优惠贸易协定中结盟，然后各自又与其他国家签订优惠贸易协定。倘若把这种现象只用地图的形式划出来，会让人想到是一个孩子在一张草图上画了一堆乱七八糟的线。图3-1是人们用来描绘欧洲早期的"意大利面条碗"现象草图。

---

① 最终，当优惠贸易协定实现自由贸易的目标时，原则上关税即被完全取消。因此，如果一个国家参加的所有优惠贸易协定都达到最终目标时，对同一商品适用不同关税的问题（因参加不同的优惠贸易协定）将不复存在。但与这一欣慰的发展过程相反，让我们看看在实际中，一些重要产业被长期地作为例外，包括产业例外和通过使用世界贸易组织允许的关税配额和数量限制。另外，不是所有优惠贸易协定都是同一时期签署的，因此对不同原产地适用的不同关税会存在很长时间。——作者注

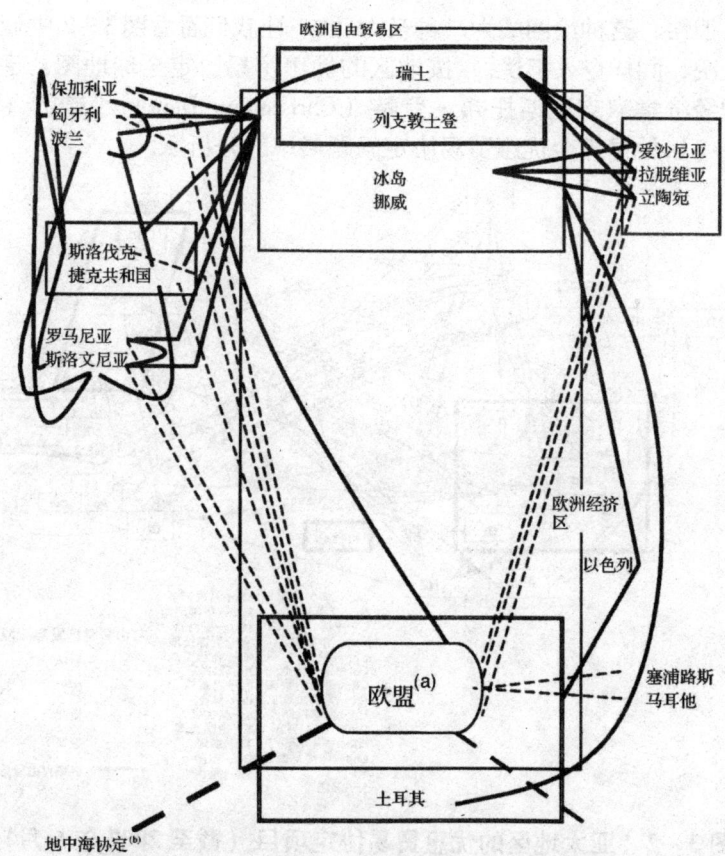

图3-1 欧洲的"意大利面条碗"现象及核心

资料来源:贾格迪什·巴格沃蒂、大卫·格林纳威和阿文德·潘娜嘉利雅《优惠贸易:理论与政策》(经济学学报,1998年7月,图3)

很快，这种绘图成为一种苦力活。 让我们看看图 3-2 中亚洲的近况，同样令人担忧。 按地区的优惠贸易协定全球地图，是由英国经济学家克里斯托弗·登特（Christopher Dent）绘制的（见图3-3），他是当今优惠贸易协定问题最早的分析家。

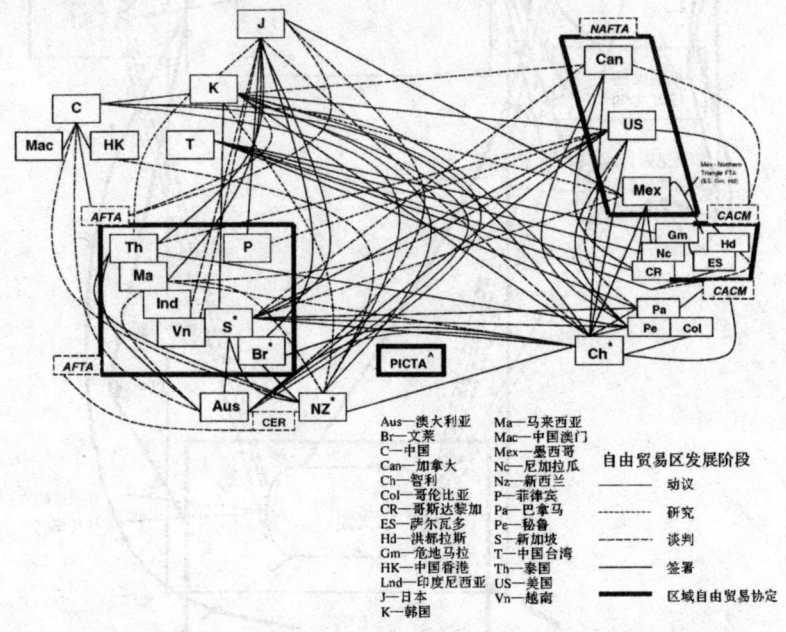

图 3-2 亚太地区的优惠贸易协定项目（截至 2007 年 6 月）

注：*，太平洋-3 优惠贸易协定扩展到跨太平洋战略经济伙伴关系协定（TPSEPA），包括自 2005 年 4 月作为完全谈判伙伴的文莱。太平洋岛国自由贸易协定（PICTA）包括 14 个太平洋岛屿国家。

资料来源：克里斯托弗·登特绘制并提供。

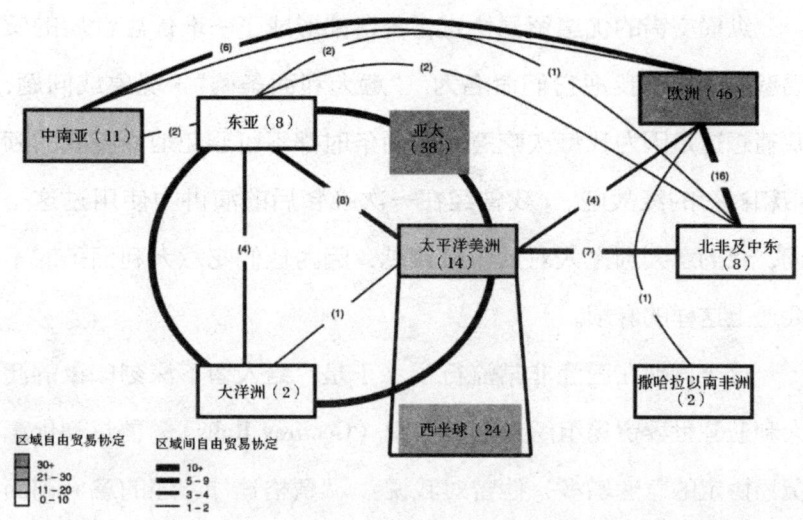

图 3-3 全球的区域优惠贸易协定分布（截至 2005 年年底）

注：

1. 该图只涉及关贸总协定第二十四条规定项下签署的优惠贸易协定，不包括世界贸易组织对发展中国家授权条款项下的局部的自由贸易协定或者关贸总协定第五条规定项下的服务协定。

2. 太平洋美国（Pacific America）包括拥有太平洋海岸线的西半球国家。中亚和南亚包括俄罗斯和亚洲的前苏联加盟共和国，以及独立国家共同体优惠贸易协定。欧洲包括白俄罗斯、摩尔多瓦和乌克兰3个前苏联加盟共和国。

3. 本图包括关税同盟。到目前为止，欧洲有4个关税同盟协定（欧洲联盟、欧盟—马耳他关税联盟、欧盟—塞浦路斯关税联盟及欧盟—安道尔关税联盟），而且欧盟还与土耳其结成关税同盟。与此相类似，西半球地区也有4个关税同盟（安第斯共同体、中美洲共同市场、加勒比共同体、南美共同市场），中亚1个（欧亚经济共同体）及撒哈拉以南非洲1个（南部非洲关税联盟）。

＊，跨太平洋战略经济伙伴关系协定与新加坡、智利、新西兰和文莱之间作为附加的优惠贸易协定联系国。

资料来源：克里斯托弗·登特绘制并提供。

纵横交错的优惠贸易协定，各自都形成了一堆优惠性质的贸易壁垒，提示我把它们命名为 "意大利面条碗" 现象或问题，我猜想这是因为我每次吃意大利面条时都不可避免地弄脏我的领带和衬衫的缘故吧。 我曾经在一次晚餐后的演讲中使用过这个词，我的意大利主人对此十分困惑，因为他们吃意大利面条时不会遇上这样的麻烦。

这个词现在已经非常流行①。 于是，给人留下深刻印象的澳大利亚驻世界贸易组织大使芮捷锐（Geoffrey Raby）② 警觉到优惠贸易协定的急速增多，他曾对我说："贾格迪什，您的意大利面条碗越来越糟，面条里现在不是肉酱调料，而是柴油和铁钉。" 还有，在远东、亚洲的优惠贸易协定，现在被称为 "中式面条碗"，每个给这个面条碗添乱的优惠贸易协定被叫做 "中式面条"③。 当然，马可·波罗曾把中国自汉代即开始食用的面条带

---

① 2007 年，我在世界贸易组织一次讲话时，主持人世界贸易组织总干事拉米说他已经下载了关于意大利面条碗这个词的寓意，而且发现我面前正好放着有各种意大利面条（参见本书第四章中有关讨论）的意大利面条碗，这使我成为唯一的也拥有烹调知识的著名经济学家！我回答说，从一个必须为自己国家的烹饪的惊人成就而感到骄傲的法国人角度看，这一定会被视为一种真正的恭维。——作者注

② 芮捷锐（Geoffrey Raby）：澳大利亚官员，2007 年出任驻华大使，同时兼任驻蒙古大使。曾在澳大利亚外交贸易部担任多个要职。——译者注

③ 这句话是亚洲发展银行行长黑旱田东彦于 2006 年 7 月在韩国济洲峰会上的讲话中引用的。——作者注

回意大利，给我们带来了意大利面条，他也因此而著名。所以，意大利面条（spaghetti）一词到亚洲变为中式面条（noodles），充其量是一个从两个世纪前一直延续到现在的一种互通。

　　武断的原产地规则也是这种乱象的罪魁祸首之一。原产地规则是用来认定哪个产品是哪个国家的——我称之为"谁是谁的"的问题（让我想起在剑桥攻读研究生的日子，那时一些淘气的饶舌学生曾经编出了一本校园恋爱关系的"谁是谁的"指南），原产地规则即便是唯一的并且统一实施，它所造成的混乱也相当严重。典型的原产地规则采用所谓"实质性加工"标准来认定一个产品是否能享受优惠关税。于是，一个使用进口零部件或原材料生产的加拿大产品（如在加拿大生产的本田汽车所使用的钢材是进口的），在进入美国市场时，必须满足以下条件之一才能被认定可以享受北美自由贸易区的优惠关税：

　　1. 按照《商品名称及编码协调制度》（该制度还有其他用途，如在产品归类水平上进行贸易谈判），税则归类发生改变；

　　2. 达到规定的价值含量，国内产品的价值含量不低于最终产品价值的某一百分比。[①]

　　但是，我们立即可以看出，即使制定有共同的原产地规则，

[①] 还会有一些技术标准，如某些方面的安全技术标准，但显然绝大多数情况下此类标准均统一适用于自由贸易协定的所有协定国家，而且不针对非协定国家。——作者注

实施中不可避免的模糊也会导致无序。比如，如果加拿大既进口钢锭也生产钢锭，那我们怎样才能认定在加拿大生产的丰田汽车中哪些钢锭是进口的？我们所规定的产品含量标准是对北美自由贸易协定三国而言还是仅对加拿大一国呢？这个问题即便可以解决，还会有另外一个问题，日本的钢锭也许可能是使用从美国进口的铁矿砂和从加拿大进口的化学品生产的，原材料本身又有可能在生产过程中使用了非北美自由贸易协定三国之外的原材料。这是一个有无限回归的产品链，一想到它的模糊程度及在每个阶段中存在的大量作假和腐败空间，大家都会心烦意乱。

实际上，在现代社会，零部件采购范围涉及全世界多个国家，而且贸易扩展到各国之间。在这种条件下，把优惠作为贸易政策的基础，是一种傻瓜的游戏，因此是一个愚蠢之举。当今世界，基本上不可能说哪个产品是哪个国家的，下面这段通过描写戴安娜王妃之死来描述全球化的今天的妙语，这也许是让外行人理解这种现象的最雷人的方法：

一位英国公主和一位埃及男友，

在法国隧道里撞车了，

他们坐着一辆配有荷兰发动机的德国轿车，

司机是比利时人，他喝苏格兰威士忌喝多了，

后面跟着开着日本摩托车的意大利偷拍记者，

一位美国医生使用巴西药品为他们治疗。

加拿大人使用比尔·盖茨的技术把这个消息传给我们，

而你很可能是在你的电脑上读到这个消息，

你的电脑使用的是中国台湾的芯片，韩国的显示器，

由孟加拉国的工人在新加坡的工厂组装，

印度的卡车司机运输，

印度尼西亚人劫持了这批电脑，

西西里岛的码头工人卸下了这批货物，

并由一名无驾驶证的墨西哥司机用卡车送到你那……

在现实中，有很多此类问题导致争端诉诸仲裁和双边争端裁决程序的案子。 在一个经典的案例中，对在加拿大安大略省生产的本田汽车，美国海关拒绝认定它的原产地是北美从而可以享受从加拿大免税进口至美国，理由是，美国海关根据自己的计算，在加拿大生产的本田汽车不能满足美国—加拿大自由贸易协定规定当地含量超过50%的条件。 本田汽车厂反驳说，他们的计算是超过了50%。 在这个案例中，没有一个准确无误，经过分析可以共同遵守的方法用来确定事实，一切归结到谁的耐力更大和本田汽车厂是否愿意支付诉讼费用。

然而，现实要远比这种情况复杂得多。 例如，在现实中，协定国家与非协定国家，同一国家加入的不同自由贸易协定，每个

自由贸易协定项下的不同产品，它们所使用的原产地规则都是不同的。比如，美国对非协定国家通常使用实质性改变标准，但（比如在本田汽车这个案例中）对美国—加拿大自由贸易协定和其他双边协定的协定国家，则使用当地含量标准。

再有，在全世界几乎所有的自由贸易协定中，原产地规则均因产品不同而异。理由当然是尽管这些产品从协定国家进口可以免税，但由于按产品的特定原产地规则使进口成本提高，利用这种机会的能力正在被减损。简言之，原产地规则可以被形容为"量身定做"，它们因需而变，成为贸易自由化的一种抵消。它们把一只手给予的用另一只手拿走。克里斯托弗·登特曾记载了新加坡与美国的自由贸易协定包含了284页特定产品的标准，与日本的自由贸易协定也长达203页。①

事实上，协定中随附大量的特定产品的原产地规则，对跨产业的统一保护具有破坏作用，使协定像一本厚厚的书，常因此受到冷嘲热讽。比如有人讽刺说："倘若自由贸易协定是真正的自由贸易，那只需要一页纸，而不是几百页的文件。"我曾看到过厚厚成卷的北美自由贸易协定，或者说我认为我看到过。洛丽·沃勒克（Lori Wallach）②女士是一位极力反对世界贸易组织和自

---

① 参见登特的《亚太地区的新自由贸易协定》第224页。——作者注
② 洛丽·沃勒克（Lori Wallach）：美国律师，公民贸易观察组织领导人。——译者注

由贸易的经济学家,她善于表达且过于自信,曾任拉尔夫·纳德(Ralph Nader)① 非政府组织——美国消费者权利维护团体的贸易政策处处长。 在一些我和她的辩论中,她往往会带着一叠厚厚的卷宗,重重地扔在桌上,称这就是北美自由贸易协定。 我完全同意的她的观点只有一个,即协定条款冗长的主要原因是原产地规则占很大比重,以及加入了数个与贸易自由化毫不相干的问题。然而,我怀疑,她带来的北美自由贸易协定的厚卷只是一个空卷夹,模仿那些自命不凡的文盲用空的书壳把他们的书架排满,否则每次捧着这么重的卷宗非让她患上严重的疝气不可!

"意大利面条碗" 的乱象使国际贸易复杂化,给贸易和投资造成严重的破坏。 必须耗费很多精力和许多资源去确定大量的零部件的最佳采购,以尽可能地降低生产和运输的成本,以及原产地造成的差别关税和收费②。 最近在日内瓦召开的关于优惠贸易协定的会议由经济学家理查德·鲍德温主持,爱立信董事会主席迈克·泰斯库(Michael Treschow)在会上直言不讳地谈到了他的公司所面临的 "意大利面条碗" 现象带来的问题。 中国香港实

---

① 拉尔夫·纳德(Ralph Nader):美国律师,百万富翁,公民活动家,现代消费者权益之父,曾催生汽车召回制度,五次参加美国总统竞选。——译者注
② 某些时候认定原产地工作的费用非常高,会使企业决定放弃认定程序而选择按最惠国待遇的关税缴税,但我不是很清楚这种放弃现象有多普遍。——作者注

业家冯国经在接受采访谈到"意大利面条碗"现象给企业带来的扭曲成本时，语重心长地说：

"双边主义会扰乱货物流动，设置壁垒，引起摩擦，减少灵活性并推高价格，在构建供应链时，还必须顾及所有原产地规定和双边协定，妨碍企业在全球范围优化其生产活动。在每个新的双边协定中，有关原产地规则的条款越来越多，也变得更加复杂。这种现象就是贸易专家们所说的'意大利面条碗效应'。连规模较大的公司（在这种影响下）都难以正常发展，小公司就更不可能。双边协定导致商界无法充分发挥潜力。用经济学术语讲，双边协定破坏了价值。如果这种现象得不到控制，双边协定的不断增多可能会阻碍全球生产体系的发展进程。"[1]

正如冯国经指出的那样，"意大利面条碗"现象导致的问题和成本对于小企业而言特别严重，南非前贸易部部长阿历克斯·欧文曾在达沃斯对我强调过其使贫困的国家更惨不忍睹。由于"意大利面条碗"现象所导致，以及超级大国在本国游说团体的要求下，使用优惠贸易协定对比较贫困的协定国家强加了许多高价的与贸易无关的条件，使优惠贸易协定成为贫困国家相对于多

---

[1] 参见冯国经的《双边贸易协议为何有害》（《金融时报》，2005年11月8日）。——作者注

边主义最无奈的选择。

与贸易无关的问题：把贸易博弈演变为骗局

当贫困国家与另一个贫困国家签订优惠贸易协定时（往往是引用授权条款规定），这些协定几乎总是以贸易自由化为目标。然而当贫困国家与超级大国（主要是美国及欧盟）签订贸易协定时，超级大国的国内游说团体往往坚持把若干对贫困国家的与贸易无关的要求写入协定，此举用意何在呢？

首先，国内游说团体希望通过把与贸易无关的政治目标加进贸易协定和贸易体制来推出他们的相关主张，他们惯用的手法大都以宣称他们的主张与贸易相关来误导公众。因此，知识产权保护应当与收取软件费有关，但与贸易无关。（当然，几乎所有事情对贸易都有影响，比如我打喷嚏并服用进口的咳嗽糖浆，有可能会减少这种糖浆的出口。但我们是否有必要在贸易协定中订一条关于治疗咳嗽的规定呢？）美国医药业和软件业的国内游说团体通过把"与贸易有关"这几个字加到《与贸易有关的知识产权协定》中，成功地使美国贸易代表在乌拉圭回合中将此问题带入了1995年新成立的世界贸易组织。靠这种花招，并利用美国的政治强权，使世界贸易组织成为一个三脚架，两只脚（关于货物贸易的关贸总协定和关于服务贸易的《服务贸易总协定》）是合法的，第三只脚（《与贸易有关的知识产权协定》）不合法。把与贸易无关的问题变成与贸易有关的问题，其过程极具讽刺意味，而且黑白颠倒。其实，凡是使用"与贸易有关"这几个字的，你都可以肯定该问题与贸易无关，仿佛是一个人被其女友绝情抛弃但到处说是他抛弃了女友。

其次，有必要指出，贫困国家之间的优惠贸易协定几乎从不包含此类与贸易无关的问题，只是遇有超级大国，特别是美国（有时是欧盟）参加协定时，才会加入这类多余的条款。倘若像印度和巴西这样的重要发展中国家拒绝满足这些要求，坚持贸易谈判中不谈这些多余的问题时，它们的反应往往是把反对的观点说成是"持反对自由贸易的立场"。巴西总统卢拉拒绝了在美洲自由贸易协定中添加这些国内游说团体鼓动的条款，当时华盛顿的国内游说团体和美国贸易代表就谴责巴西想签署一个"清淡的美洲自由贸易协定"（安第斯国家集团由一些更小、联系更紧密的国家组成，它们的影响力很小，很渴望签署任何美国人要求的东西，它们被美国人称赞为是美洲自由贸易协定的满腔热血的参与者）。当然，用这种语言攻击来支持一种错误的自我立场，其本身就是一个错误，因为在这个我们每个人都担心胆固醇超标的年代里，"清淡"是一种恭维，不是攻击。

再次，美国在要求把这些与贸易无关的条件加入优惠贸易协定时，惯用的借口都是"为你们利益着想"，或者是这些条件真的"对你们有好处"。于是，当软件和制药产业在乌拉圭回合期间鼓吹保护知识产权时，美国贸易代表声称已有一份研究报告（据我了解没有一个人看过）证明这对于接受知识产权保护主张的国家有好处。美国的立法者并不甘于这种宣传，他们还通过立法制定了301条款，作为《1988年综合贸易和竞争法》的组成部分，授权对美国单边认定的放任"不合理的做法"的国家征收报复性关税。这项法律的一部分是专门针对那些对知识产权没有提供充分有效保护的国家。它是一种毫无合法性的单边措施，因为这些国家没有加入任何协议甚至协定来采取这种保护。[1]

最后，美国贸易代表在乌拉圭回合表明立场，知识产权保护必须纳入新的世界贸易组织框架，否则乌拉圭回合不会结束。这一立场对于所有知识产权的生产者而言，可以为了自己的利益而签署保护协定，而美国人竟然公开称这也是为了贫困国家的利益，即使他们不是知识产权的生产者。美国国内知识产权保护游说团体，不顾收取软件费问题不属于贸易范畴这一事实，终于把《与贸易有关的知识产权协定》纳入世界贸易组织框架，随后便着手使用优惠贸易协定来推行他们的超出多边贸易谈判成果的政治目标。例如，2002年11月4日，美国贸易代表佐立克毫不掩饰地说："美国政府准备与南部非洲关税同盟国家谈判一项优惠贸易

---

[1] 关于301条款的分析及该条款对世界贸易体制的危害，请参见我和休·帕特里克合编的《攻击性的单边主义》（安娜堡：密歇根大学出版社，1991年），特别是罗伯特·休德克和我撰写的章节。——作者注

协定……来解决这些国家对美国出口的贸易壁垒问题——包括……对知识产权没有提供有效保护的问题。"于是,在第一轮谈判中,谈判的方向便引向用法律和事实迫使这些国家作出超出世界贸易组织框架内根据《与贸易有关的知识产权协定》规定的承诺。南部非洲关税同盟国家被要求同意"在美国法律中可以找到的类似的"知识产权保护标准,而这些标准有的超出了《与贸易有关的知识产权协定》中达成一致的标准。①

把劳工和国内环境保护标准订入贸易协定,这个问题比知识产权保护的问题更为棘手。这些被罗伯特·休德克和我称之为"与价值观有关"的要求,往往是贸易自由化的前提,而且经常很难评估和拒绝,原因在于美国把这种要求策划成让善意的人倾向于不加批评全盘接受的东西②。由于这些要求都是以价值观为基础的(如工人应享受适当的劳工标准),因此也容易把超级大国

---

① 参见乔纳森·伯杰和阿恰尔·普拉巴拉的《对美国—南非关税同盟草案中超出〈与贸易有关的知识产权协定〉的规则的影响评估》(约翰内斯堡:威斯沃特兰德大学应用法律研究中心工作文件初稿,2005年2月)。——作者注

② 对此问题有很多学术研究,包括我在过去的15年间在许多刊物(如《美国国际法学报》)上发表的文章及2本内容很丰富的著作,这两部著作是基于一项有当今数位领军国际的经济学家和贸易法学家参与研究的项目而形成的。参见我和罗伯特·休德克的《公平贸易与协调:自由贸易的先提条件》(麻省,剑桥:麻省理工学院出版社,1996年)。另特别参见我和T·N·施瑞尼瓦桑参与的一项大范围的分析讨论文集《贸易与环境:环境多样化是从支持自由贸易的观点中派生出来的吗?》第一卷第4章。——作者注

从自私利益出发（出于抵制外国的竞争的目的）的要求伪装成旨在惠及外国工人的利他性要求。其实，对于以各种形式把这些与贸易无关的问题纳入贸易条约之中，有许多理由根本说不通。这些理由已经在富有国家的公共领域流行多年，但却不具有说服力，而且应当被反驳。

比如，国内环境标准（区别于国际标准，比如减缓全球变暖涉及所有国家，但减少酸雨只涉及 2 个以上但不是所有的国家）①。一个在巴西的钢生产者通过支付污染税往巴西境内某一湖里倾倒致癌物这个情况重要吗？这种情况在美国很可能没有任何人听说过（特别是现在大学的地理系越来越多地被撤销，而且越来越少的该学科的大学生能够在中小学教地理）。但是，如果您在 A 国的竞争对手比你纳税低，贵国的国内游说团体一定会坚持认为这属于不公平贸易，并一定会要求在实行贸易自由化前，A 国必须对你的竞争对手征收相同的税负。

如果您没有花些时间认真地考虑这一问题，您会误认为这似

---

① 国际污染带来一系列不同于国内污染的理论问题，它通常以自我约束的条约形式进行谈判，比如关于全球变暖的《京都议定书》和关于臭氧层的《蒙特利尔议定书》。这些问题肯定对世界贸易组织产生影响，但与优惠贸易协定和全球化之间的关系却不大相干。可参见我和彼得罗斯·马弗鲁第斯的《因美国拒绝签署〈京都议定书〉而对美国出口采取行动符合世界贸易组织的规则吗？》（《世界贸易评论》，第六卷，2007 年第 2 期，第 299~310 页），以及我和施瑞尼瓦桑合著的《贸易与环境：环境多样化是从支持自由贸易的观点中派生出来的吗？》。——作者注

乎有道理。其实，对您所经营的产业，外国竞争对手（与您的产业相关的）应当缴纳多少污染税，必须在两国的资源禀赋和优惠政策总框架内来确定。例如，即使墨西哥和美国对做某件事在环境方面实行一个相同的绝对优惠政策，但墨西哥和美国在水质和空气方面的资源禀赋是不同的，墨西哥的水质量比美国差，但空气质量好过美国（因为美国有更多的人喝瓶装水，使用滤水器或干脆购买更好的水，但美国因为汽车数量很多，相对空气质量不如墨西哥），于是，墨西哥毫无疑问地要关注水污染，而美国也自然而然地更关注空气污染。相应地，对墨西哥而言，对造成水污染的企业征收比美国更高的污染税，是非常必要的；对美国而言，对造成空气污染的产业征收比墨西哥更高的污染税也同样非常有意义。所以，如果强调所谓的"跨国产业内"污染税在任何国家都应当相等，实际上无视了这个基本逻辑。即便如此，对一些产业的国内环境标准必须通过贸易条约和机构来实现跨国间的统一，仍然是谈判中的主要要求。

论及劳工标准，国与国之间在法律上的差别，是它们之间经济发展阶段和经济环境不同而形成的，但它的遭遇也是同样的。一般地讲，各国劳工标准的维度及需求程度和能力都不一样①。 例如，美国劳联—产联曾坚持把劳工标准订入贸易条约，反映了它极度关注来自贫困国家的竞争正在对美国工人的工资造成的影响，这会把外国的劳工标准与美国的劳工标准拉平，危及美国工人们来之不易的劳工标准。 但许多人会问道，美国工人的罢工权利在长达近半个世纪以来一直被限制，得不到充分保障，美国的工会会员资格越来越少，直至现在只有劳动力总量的 1/10，这样的劳工标准为什么那么神圣不可改变？ 如果把这样的劳工标准作为其贸易伙伴的金本位，岂不是有讽刺意义？

恰巧，也许是为了回应对那些仔细研究该问题的学者们提出的观点的评价，以及美国在用美国作法来协调贫困国家的劳工标准时在政治上遇到的障碍，美国的谈判代表在与发展中国家谈判优惠贸易协定时，按照 "关键是迈出第一步" 的原则，不顾墨西哥的犹豫，首次在北美自由贸易协定中增加一个附件协定，规

---

① 例如，在贫困国家里，对大家族（extended family，尤指三代以上同堂的家庭）的成员可以提供的术后康复社会保险，但不包括超出家庭必需品社保以外的医疗优惠，而在其他国家只要有父母子女组成的家庭都可以享受。再比如，美国的安全供给标准如果在印度作为普遍的规定一定会十分昂贵，虽然这种标准对部分有害的产业十分必要。某些国家，如法国，已考虑把每周 35 小时工作作为劳工权利的一部分，尽管绝大多数国家认为这会是灾难性的，而且法国本身也在试图取消这一规定。事实上，从绝大多数的维度看，国与国之间的协调一致不可能有意义。——作者注

定各国按本国标准来实施劳工标准①。这种协定后来在美国与约旦和摩洛哥签署的优惠贸易协定中变成正文。在与秘鲁和哥伦比亚签署优惠贸易协定时，美国立法者曾试图提高劳工标准。

在关于劳工标准的谈判中，新当选的民主党人最为积极，以此来报答美国劳联—产联对民主党的资助。他们往往舌灿莲花，声称他们是为了保护外国劳工②。某些持怀疑态度的人粗暴地反驳说："如果美国劳联—产联真的想帮助外国工人而不是美国的工会会员，他们会发起一场运动要求大大放宽移民限制，让外国工人可以立即享受到高工资和良好的工作条件的实惠。"然而，美国劳联—产联的问题症结在于，倘若您读一下当选的民主党人的竞选讲话（由于这些民主党人都受到美国劳联—产联的资助而必须宣传他们的观点），您会发现，他们在谈到外国工人的福利时都一带而过，话题很快转到批评来自劳工标准较低的工人的竞争无异于不公平竞争和不公平贸易。换言之，所要做的一切都是保

---

① 这一做法看起来似乎无害，其实不然。立法的实施往往不到位。由于这个原因，往往调子唱得很高，例如最低工资，标准定得很高，但没有人指望会支付。还有，法律通常停留在纸上，因为在政治上要废除很难，但谁也不指望能付诸实施。于是，即使通奸在有些国家的法律中属于犯罪，但（当时的）克林顿总统仍毫无顾忌地访问这些国家而不用担心被铐上手铐送上法庭，原因是这些法律在睡大觉。发展中国家法律实施水平不高，因此，要求他们去实施本国的劳工标准方面的法律是幼稚可笑的。——作者注

② 这也是总统候选人希拉里·克林顿于2007年12月3日出版的《金融时报》一次令人头痛的专访中提出的主张。——作者注

护美国本身免受外国竞争者的损害。 这就是为什么"旧"北美自由贸易区让发展中国家制定并实施它们本国劳工标准的方法不再具有任何政治意义。 现在我们再回头讨论"协调"劳工标准的主张。

在所有领军的发展中国家，如印度和巴西，许多人现在把这种假惺惺的同情和利他主义视为伪装的害怕和自私。 这也是为什么这些国家在谴责美国政治家的伪善时，冷嘲热讽地回答说："如果他们声称出于我们的利益，那他们所要求的一定是出于他们自己的利益。" 事实上，利用贸易条约来强加劳工标准现在已屡见不鲜，只是以"出口保护主义"的形式出现，目的在于通过强迫他国执行与美国相同的劳工标准来提高外国竞争对手的生产成本。

目前，这一伎俩也已经改头换面成不同的要求，改为在贸易条约中规定所有缔约国家必须接受国际劳工组织的核心标准（参见本书附录的词语解释）。 必须指出，在绝大多数国家，这些标准尽管经常被引用和提及，但并没有作为法定标准得到批准或采用。 美国人这样做完全出于政治考虑，旨在安抚那些批评美国将自己的劳工标准强加给别人的批评家（如上所述）。 但是，许多国际劳工组织核心标准现在仍未得到美国的批准，有人真的相信美国会批准并遵守这些公约或标准吗？ 相反，这些条款和标准却会强加在贫弱的发展中国家头上，相当于不对称地提高各国在原有发展水平上的劳工标准。①

但是,有一点十分清楚,无论把劳工问题和国内环境问题加入贸易协定的要求多么荒诞,与贫弱国家签订优惠贸易协定仍是使这种要求得以被接受的最佳途径。 在华盛顿特区,每个国内游说团体都在玩这种把戏,根本不顾伙伴国家的利益。 例如,在与智利和新加坡谈判优惠贸易协定时,美国的立场是严禁在金融危机期间采取资本账户控制措施。 这种思维,虽然讨好了美国国内金融游说团体,但是与国际货币基金组织最近的想法却不一致。国际货币基金组织受到亚洲金融危机和马来西亚对资本流动采取临时控制措施取得成功的影响,开始转变观念,对该问题采取一种更折中主义的态度。 最后,这些小国家达成的妥协是,如果对资本流动控制制度化并且超期使用,由此对美国金融企业可能造成的损失将给予补偿。 我在哥伦比亚大学里的一位最优秀的学生,他已经回到智利工作并且参与了当时的谈判,他对我说:"哎,巴格沃蒂教授,我们是个小国家,我们除了同意外别无选择!"

---

① 对美国劳联—产联转而推行国际劳工组织标准的战略,还有一种不同的解读:它不仅形成有利于美国工人的出口保护主义,而且也有利于美国劳工运动自身的发展。因为美国将来必须遵守国际劳工组织的核心标准,在美国,这是增强劳工运动力量的"走后门"方法。不过,国家政治领域这种"背后下套战术"能否会获得许多人,特别是认为工会不效率、美国劳联—产联是他们的政敌的共和党人的认同,尚不能确定。——作者注

令人吃惊的是，我们在澳大利亚—美国自由贸易协定中竟看到了澳大利亚的医药政策（被许多领域羡慕不已）在美国国内医药游说团体的压力下被迫改革。澳大利亚—美国自由贸易协定于2005年1月1日生效，引发澳大利亚国内一片骂声。它包含了许多知识产权保护方面的规定，还有其他涉及改革澳大利亚医药规制和公共健康政策的规定，并固化在其医药福利计划中，该计划曾被设计为旨在确保民众能负担得起基本医药费用。①

尽管在与贫弱国家一对一的谈判中，优惠贸易协定被美国国内游说团体用来实现其政治目标的作用较欧盟要低，但我们必须清醒地认识到，美国的国内游说团体的目标肯定更有野心。超级大国在世界贸易组织不能直接得到的东西，现在可以借助优惠贸易协定对发展中国家各个击破而取得。为什么呢？因为在世界贸易组织框架内，发展中国家在数量上占优势，可以抗衡来自超级大国的压力，有能力和意愿齐心合力捍卫他们的自身利益。这样，如果有一个发展中国家与美国签署了含有劳工标准规定的优惠贸易协定，该发展中国家便不大可能像在世界贸易组织中说的不同意把劳工标准纳入世界贸易组织范畴。其实，这就是一个

---

① 在很多关于这个问题的文章中，我觉得有一篇最有参考价值，即托马斯·佛恩斯、伊万·道朗、大卫·亨瑞、彼得·德雷霍斯、安德鲁·斯尔里斯、Brita Pekarsky、沃里克·内维尔及安德鲁·斯尔里斯合作撰写的《关于澳大利亚—美国自由贸易协定对澳大利亚及全球医药政策的影响的评估》（《全球化与健康》，2005年第15期，第1~10页）。——作者注

"分化瓦解，逐个击破"的分而治之战略。美国可以被理解为正在玩这种战略游戏，希望通过优惠贸易协定把国内游说团体的要求强加于世界贸易组织。美国把优惠贸易协定作为一种机制，凭借它来减损世界贸易组织中对美国国内游说团体的要求所提出的反对。查尔斯·金德伯格（Charles Kindleberger）① 曾提出过一种引领世界贸易体制的"无私的霸权"。这里，我们目睹了我称之为"自利的霸权"的战略行为。②

优惠贸易协定是多边自由贸易的"垫脚石"还是"绊脚石"？

回想起来，美国最早走上优惠贸易协定之路始于20世纪80年代初，原因是无力启动关贸总协定主持的多边贸易谈判。乌拉圭回合启动后，美国理应重新回到其坚持了30余年的传统的"唯多边主义"的信条上来，但美国没有。事实上，美国的领导层，主要是国务卿贝克及其副手罗伯特·佐立克，决定美国应当两条腿走路，理由是优惠贸易协定可以成为构筑多边自由贸易的（用我所使用的词语来形容）"垫脚石"，这两种贸易政策相辅相成，

---

① 查尔斯·金德伯格（Charles Kindleberger）：美国著名经济学家。——译者注
② "自利的霸权"一词及其理念是我在《对世界贸易体制的威胁：收入分配与自利的霸权》（《国际事务杂志》，1994年第48期，第279~285页）一文中引入的。——作者注

它们是"朋友"而不是"仇敌"。他们后来很快将这种观点称为"竞争性自由化"理论。正如佐立克在2003年振振有词地说：

"当布什当局在差不多3年前决定重振美国贸易目标任务时，我们明确地并且公开地勾画出了我们的规划：我们将能采用'竞争性自由化'战略来推动全球、区域性和双边的自由贸易。通过多措并举，美国可以克服或者绕过障碍，最大限度地利用开放的影响力，瞄准发展中国家特别是对政治经济改革最执著的国家的需求，重点在前沿地区建立成功模式；在全球经济的框架内强化美国与各地区的联系，通过让自由贸易处于攻势，创造一个全新的政治活力。"①

佐立克于是认为，美国会使用优惠贸易协定来推动一系列与贸易无关的要求。他还认为（令人大为惊奇地），如果美国把这些问题作为与其签署自由贸易协定的先决条件，其实迎合了发展中国家的需要。不仅如此，佐立克和他的美国贸易副代表还声

---

① 引自伊文内和迈耶的《对美国"竞争性自由化"贸易政策的中期评估》。这是来自美国审计总署在2004年1月关于国际贸易的审计报告。佐立克的其他此类讲话也有记录。可能最引人注目的是佐立克于2003年7月10日在《华尔街日报》上发表的一篇文章，题为《我们的信条：自由贸易与竞争》，文中说到："优惠贸易协定开辟了新天地——优惠贸易协定为在诸如服务、电子商务、知识产权保护、政府管制的透明度及劳工和环境保护的更好执法等领域的自由化创造了模型。"——作者注

称，这样做会促使其他国家分两步走寻求贸易自由化之路：第一步与美国签署自由贸易协定，第二步融入多边体制和世界贸易组织的多边谈判。

可以肯定地说，第一种提法充其量是一种夸大。由于最惠国待遇关税逐年降低，优惠贸易协定所能提供的优惠在不断缩水。这意味着，在美国希望签署更多的优惠贸易协定时，如果你的邻国竞争对手也加入一个优惠贸易协定，与美国签署优惠贸易协定所能获得的优惠也会缩水。实际上，西蒙·伊文内特和迈克尔·迈耶（Michael Meier）曾发现，在世界范围很少有政策制定者公开说，由于他们的对手已经与美国签订了自由贸易协定，因此他们也想与美国签。①

美国采用威胁手段来迫使其他国家与其签署自由贸易协定，这一事实也让人怀疑是不是一些国家都在因为其他国家已经签署自由贸易协定而争先恐后地要签协定。所以，在哥伦比亚举行的对中美洲自由贸易协定开展批评的论坛上，面对反对的声音非常之大（尽管政府鼎力支持中美洲自由贸易协定），美国贸易代表发出一个强烈的警告说：如果中美洲自由贸易协定达不成，哥斯达黎加会丧失其所享受的单向普惠制优惠待遇，也就是说，中美洲

---

① 也许最引人注目的公开讲话来自新西兰对澳大利亚—美国自由贸易协定的声明和哥伦比亚悲伤的担心，哥伦比亚当时正力争与美国签署自由贸易协定，因为秘鲁在此方面走在了它的前面。——作者注

自由贸易协定未能投票通过,哥斯达黎加在美国现有的市场份额将会被缩减。 因此,尽管哥斯达黎加加入中美洲自由贸易协定的动机是更多的市场准入,但如果不加入会失去在美国的原来的市场准入。 相似的威胁也用来对付过其他国家,例如,由于《安第斯优惠法案》于2008年2月到期,美国坚持要求秘鲁和哥伦比亚与美国签署优惠贸易协定,否则将失去优惠待遇,留给这两个国家一种霍布森的选择(Hobson's choice)①:按我们的条件加入优惠贸易协定,或者面对贸易壁垒的提高。②

事实上,阿文德·潘娜嘉利雅曾提醒过我,由于欧盟和美国给予许多发展中国家的单边优惠于2007年到期,这些发展中国家

---

① 霍布森的选择(Hobson's choice):起源于16世纪的英国,当时有位名叫托拜厄斯·霍布森(Tobias Hobson)的商人,他的工作就是跑运输——驾着载人四轮大马车在伦敦和剑桥之间往返,并且把闲置的马匹出租给剑桥大学的学生。霍布森总是对他的顾客说:"你们可以选择任何自己看中的马,只要它是离马厩门最近的那一匹。"霍布森的不近人情使顾客没有任何选择的余地,因此招致了不少租借马匹的人的微词。后来,"Hobson's choice"的说法就逐渐传开了。美国汽车大王亨利·福特曾有一句名言:"You can have any color you want, so long as it's black."(消费者可拥有他们想要的任何颜色的汽车,只要那种颜色是黑色。)这样的话在今天似乎不可思议,因为消费者面对五光十色的选择。但在福特轿车纵横全美的20世纪20年代,人们似乎别无选择,这就是"Hobson's choice"(毫无选择余地)。——译者注

② 实际上,美国还威胁过哥伦比亚,在2003年坎昆会议上就曾威胁过要把哥伦比亚清除出20国集团。参见克雷格·范克拉斯特一篇很好的文章《亚洲太平洋地区在贸易经济治理和人类发展方面的区域行动》(手稿,未发表,哈佛大学肯尼迪政府学院,2004年1月)。——作者注

都将面临被迫签署附加有苛刻条件的优惠贸易协定的风险，否则它们的出口市场将受到影响。这类国家的数量不少，仅欧盟就有多达 71 个单边优惠的受惠国，遍布非洲、加勒比海地区和太平洋地区（非加太地区）。这种单边优惠最初是通过《洛美协定》于 1975~1980 年实施的，到期后又根据《洛美协定Ⅱ—Ⅳ》延期至 2000 年，此后于 2001 年，根据《科托努协定》延期至 2007 年。这种贸易优惠覆盖了 99% 的非加太地区国家出口的工业产品，而且没有数量限制，优惠程度高于对所有发展中国家适用的普惠制①。用新的、双向互惠的经济伙伴协议（即优惠贸易协定）来替代到期的单向优惠制度，这一提议遭到南非和纳米比亚等国的反对，它们拒绝以一种不可接受的方式来接受有损于其主权的条件。②

我们也不应该否认一个事实，即我在本书第二章提到的，在与美国签署的优惠贸易协定中，有相当一部分条款并非是出于竞争性自由化的初衷而制定的，而是主要出于国家安全考虑，其中美国与新加坡、约旦、摩洛哥和正在与韩国谈判的优惠贸易协定都含有此类条款。另外一个事实是，为了对付美国的霸权，其

---

① 参见阿文德·潘娜嘉利雅的《欧盟贸易协定与发展中国家》（《世界经济》，第二十五卷，2002 年第 10 期，第 1415~1432 页）。——作者注

② 参见《两个非洲国家拒绝加入欧盟贸易安排》（《金融时报》，2007 年 12 月 3 日）。——作者注

他地区的国家（特别是亚洲）签署了把美国排除在外的针锋相对的优惠贸易协定，原因仅是美国把这些地区的国家排除在北美自由贸易协定和美洲自由贸易协定（计划）之外。

美国贸易代表的第二个提法甚至更荒诞，即优惠贸易也能推动世界贸易组织多边贸易谈判。华盛顿特区的优惠贸易问题专家弗雷德·伯格斯腾是诠释这一观点的大师级领军学者。他认为，优惠贸易协定与多边贸易谈判之间的正关联曾体现在乌拉圭回合结束的背景中，美国利用 1993 年在西雅图举办的亚太经合组织峰会来威胁态度犹豫的欧盟，如果欧盟不结束乌拉圭回合，美国会组建一个与此竞争的替代品——亚太经合组织自由化。我曾问过许多欧盟贸易官员他们如何看待这种观点，这些官员只是笑一笑。《金融时报》贸易问题特约记者居伊·德·容凯尔（Guy de Jonquières）的反应也是如此，我和他于 2006 年 8 月在菲律宾的宿务岛讨论过这个观点，我当时在工商咨询理事会发表主旨讲话。亚洲的优惠贸易协定的"意大利面条碗"现象是这次会议的中心议题，容凯尔就此发表了一篇专栏文章，他也认为伯格斯腾的观点毫无依据。毫无疑问，每个人都会明白，亚太经合组织根本不可能转化成一项优惠贸易协定，因为其成员之间的经济发展水平和政治立场相差太大了。其实，多年之后，在亚太经合组织框架内，关贸总协定的第二十四条的模式不顾美国的反对被否决了；在澳大利亚和日本的领导下，通过了一种可以在最惠国待遇基础上采取的 "协调单边自由化"（concerted unilateral liberalization）的新办法。所以，伯格斯腾的观点是要求我们相信欧洲人是一群弱智。此外，伯格斯腾的观点认定，结束乌拉圭回合的主要障碍是欧盟而不是美国（华盛顿很高兴这样说）。

伯格斯腾的观点虽不可接受，却留出一个广阔的空间，来使人们提出认为优惠贸易协定破坏多边贸易谈判的观点。其中，最容易被大家接受的观点有以下6个：①

1. 假定美国国内游说团体用优惠贸易协定打开墨西哥市场的要求会使你从墨西哥的开放中获得价值1美元的好处。但如果在最惠国待遇的基础上对墨西哥开放市场，你在日内瓦花同样1美元时，获得的好处会因"搭便车者"而缩水，这些"搭便车者"就是来自欧盟、日本及其他不用花费任何钱就打开墨西哥市场的国家的竞争对手。于是，你的这1美元将花费在优惠贸易协定上，而不是花费在多边贸易谈判上。

2. 在贸易协定的谈判方面，虽然存在数量不等的官场常用规则，但熟练的官僚总是有限的。如果同时走优惠贸易协定和多边贸易谈判两条路，你要知道有才华的官僚的注意力

---

① 关于优惠贸易协定与多边贸易谈判之间的联系还有更理论性的思考方法，即理论家眼下称为"动态路径"的命题，请参考本书附录中关于这些问题的研究的近期发展情况，但理论公式和相关的实证支持，请参见下一作者注。——作者注

肯定至少被碎化。1999年，我在西雅图就看到了这点。当时世界贸易组织的会议因抗议而中断，美国贸易代表查琳·巴尔舍夫斯基（Charlene Barshefsky）① 在与中国进行了漫长的谈判后才赶到西雅图，她的注意力当时肯定不在世界贸易组织上。

3. 政治家们往往对各种贸易协定不加区别。因此，如果达成一项优惠贸易协定，无论贸易量多少，那就是他的政绩。实际上，我曾参加过劳工局庆祝一位美国官员受到贸易代表米基·坎特（Mickey Kantor）② 为他举办的招待会，祝贺他参加过250多项贸易协定的谈判，其中之一是乌拉圭回合，另一个是北美自由贸易协定（其实，它的重要性比乌拉圭回合小得多，甚至可以说是个错误），其他都是贸易限制谈判、《多种纤维协定》项下的纺织品配额谈判。

4. 美国国内游说团体在开放贸易的战斗中提供了步兵部队。我已经掌握了资料，在优惠贸易协定中已发现有好几个与贸易无关的条款都是美国国内游说团体促成的，

---

① 查琳·巴尔舍夫斯基（Charlene Barshefsky）：美国前贸易代表，曾是1996年~2001年间美国首席贸易谈判专家和主要贸易政策制定者。她因在与中国就加入世界贸易组织的谈判而闻名于世。——译者注

② 米基·坎特（Mickey Kantor）：美国前商务部部长、首席贸易谈判代表，MBP咨询公司高级合伙人。——译者注

其中一些弱国被恐吓做出了让步,这是一种更适合的达到目的的方式。美国国内游说团体利用优惠贸易协定来提供样板——"啊,我们的要求现在已经成为贸易自由化的一部分啦!从现在起其他的优惠贸易协定也应按这种方式谈判!"——并且把世界贸易组织团团围住以推动他们的要求。除美国劳联—产联外,在多哈回合中与秘鲁和哥伦比亚签署优惠贸易协定时没有几个游说团体花费很多精力和财力。

5. 在美国,鉴于公众对贸易的普遍关注,如果让政治家们(特别是在他们的选民中有工会会员的民主党人时)在一些微不足道的优惠贸易协定上反复地去耗费他们有限的支持贸易的政治资本,会是一个错误,这会导致"贸易疲劳",这个问题后来也困扰了多哈回合。

6. 最后,努诺·利芒近来的实证分析(应用绝大多数最近的多边贸易谈判中的关税减让数据)显示,美国的优惠贸易协定已成为多边贸易自由化的"绊脚石"①。超级大国对从

---

① 参见努诺·利芒的《作为多边贸易自由化的绊脚石的优惠贸易协定:美国的证据》(《美国经济评论》,第九十六卷,2006年6月第3期,第896~914页)。该文列出的卓越的实证分析极大地完善了菲尔·列维和普拉文·克里什纳关于优惠贸易协定的动态路径问题方面的理论分析(见本书附录)。——作者注

优惠的贸易伙伴国家进口的产品实施的税率低于对从世界其他国家进口的相似产品实施的最惠国待遇关税，这一机制使优惠贸易协定产生反作用。这些较高的最惠国待遇关税实际上正在成为谈判优惠贸易协定时讨价还价的筹码，因为最惠国待遇关税越高，优惠的价值就越大。这也诱惑各国在优惠贸易协定未得到认可的情况下不去削减最惠国待遇关税。

其实，面对优惠贸易协定的严重后果，我们很难淡定。有效应对优惠贸易协定的泛滥及其对多边贸易体制的破坏，已经提上了我们最重要的政策议事日程。

第四章 我们现在怎么办？

显然，优惠贸易协定泛滥带来的问题现在已被深刻理解。由于全世界范围内政治家和政府都被染上了这股流行病，而且无法或者不愿把握这个难懂的一课——优惠贸易协定正在严重地破坏多边的世界贸易体制，因此，对于它的泛滥，最好是什么都不做。关贸总协定和世界贸易组织的几任总干事，其中主要有阿瑟·邓克尔、素帕猜·帕尼帕迪、彼德·萨瑟兰和帕斯卡尔·拉米①，都强烈地意识到问题的存在，并且发出过不同程度的警告。很明显，优惠贸易协定的问题需要得到缓解和解决。

我们可以有3种选择：一是停止签署新的优惠贸易协定，把对非协定国家实施的最惠国待遇关税和对协定国家实施的优惠关税之间的税差纳入各国的关税减让表，通过这种方式来取消现有优惠贸易协定中的优惠；二是减少"意大利面条碗"现象的乱象，用协调和类似方法使细面条变为宽面条；三是利用像多哈回合这

---

① 参见我在本书前言中的介绍。——作者注

样的多边贸易谈判来降低最惠国待遇关税直至很低水平，以减少迂回的优惠，对零的优惠还是零。 前两项选择显然是治标性质的，直面优惠贸易协定本身的问题，因此其可行性十分有限；而最后一项选择则是迂回地应对优惠贸易协定带来的问题，并不要求修改现行的优惠贸易协定，也不禁止签署新的协定， 它倡导消灭的不是优惠本身而是优惠的有效性，所以，这是一种具有最大公约数的治本之策。

阿瑟·邓克尔，1980年~1993年任关贸总协定总干事，以监督乌拉圭回合而享誉，他使乌拉圭回合产生很多变化并避免了它的流产。作为多边主义的坚定倡导者，他对优惠贸易协定给予了足够的关注，责成撰写了关于优惠贸易协定泛滥对多边主义的威胁的研究报告，一直到其任期满。

素帕猜·帕尼帕迪博士，前泰国副总理，2002年~2005年与新西兰的迈克尔·穆尔轮流任世界贸易组织总干事。他迅速地理解了优惠贸易协定带来的问题，设立了一个由彼德·萨瑟兰牵头的专家小组，专门研究世界贸易组织的前景，并授权专家小组对优惠贸易协定泛滥问题进行研究，形成了（2005年）最终报告的第二章。他在推动世界范围内讨论这一问题上发挥了重大作用。（图片来源于联合国贸发会）

世界贸易组织前总干事帕斯卡尔·拉米（2005年9月~2009年9月任职），法国社会党成员，并曾任欧盟贸易委员，是自由贸易的重要支持者。在其任欧盟贸易委员期间，没有启动任何一项新优惠贸易协定谈判，并带头在世界贸易组织中坦率地触及优惠贸易协定带来的问题。（图片来源于世界贸易组织）

从源头上消灭优惠的建议

叫停签署优惠贸易协定的可能性现在已经丧失了。乌拉圭回合启动时，正如我所认为的，曾有过明显的可能性，当时美国在贸易体制方面具有决定性作用，它可以作为一个超级政治大国要求欧盟停止诉诸第二十四条规定，否则美国会以其他形式予以报复。可是，美国非但没有这样做，却选择与欧盟为伍，导致亚洲后来也放弃了它所奉行的反对优惠贸易协定的原则。

欧盟曾考虑过暂停新的优惠贸易协定，但这一念头却瞬间即逝，因为据报道，欧洲的商人反过来引用美国签署越来越多的优惠贸易协定作为敦促欧盟应当恢复自己的优惠贸易协定签署进程的理由，他们警告说，否则，欧洲的商人会吃亏。而欧盟应当在双边贸易协定方面锐意进取的观点又反过来刺激美国走上优惠贸易协定的道路。当下，许多国家政府都谈论"不能掉队"。而且（正如我在本书第二章中所解释）他们偶尔也认为"所有国家都在签署优惠贸易协定"。潘多拉的盒子已经打开，但跑出来的不是精灵而是恶魔。

然而，后来有人建议削减自由贸易协定国家的对外关税，使协定国家之间适用的协定内部关税尽可能接近对外关税，逐步缩小最惠国关税与协定内关税之间的差距。但这项对优惠贸易协定国家的优惠做"放射性减让"处理的倡议也未能得到响应，没

有几个优惠贸易协定国家愿意让它们所享受的优惠的含金量这样
被缩水。

把细面条变成宽面条,然后变成比萨饼

倘若优惠贸易协定无法停止,或者也无法将纳入各国的优惠
关税减让表承诺取消,我们还能发起一场比如通过协调原产地规
则至少使目前的"意大利面条碗"的乱象最小化的运动吗?

换种说法,我们是否可以认为,许多双边的优惠贸易协定,
尽管它们会直接对贸易体制中非歧视原则造成系统性破坏,但却
可以被看做是多边主义的"垫脚石",垫起来可以组成诸边区域
集团,然后再垫起来把我们引向具有实质性的多边自由贸易的最
终目标,是这样吗? 事实上,在 20 世纪 80 年代后期,许多评论
家都相信这是真的。 赞成这一观点的代表人物可能是莱斯特·瑟
罗(Lester Thurow)①,最著名的是他于 1988 年在达沃斯声称:
"关贸总协定死了!" 招致我反驳道:"有这么多国家在排队加
入关贸总协定,恋尸癖肯定要爆发!" 然而,支持转向优惠贸易
协定来作为通向多边自由贸易之路的主角是 3 个超级经济体——美
国、欧盟和日本,它们都将各自势力范围中的国家拢进了区域自

---

① 莱斯特·瑟罗(Lester Thurow):美国著名经济学家,曾在约翰逊总
统经济顾问委员会工作,曾多次访问中国,并见过不少中国领导人。——译
者注

由贸易协定。 美国将把南美的国家凑起来，欧盟把非洲围在一起，日本将会在亚洲这样做。

但是，非洲人不会忘记，欧洲曾侵略并殖民过非洲，他们中间许多人对一头扎进宗主国的怀抱持怀疑态度；部分南美人很讨厌美国人；而亚洲国家则对第二次世界大战时期的日本有着痛苦的记忆，忽略了这些就是浪漫主义和政治上的幼稚。 实际上，由于优惠贸易协定的泛滥，按政治派别形成的区域集团打破了这种三足鼎立的板块，例如，亚太经合组织的成员就是从南美洲到亚洲的国家都有。

不过，把双边自由贸易协定整合成区域性集团会遭遇不仅政治上的，而且几乎不可逾越的 "技术" 难关。 为便于理解，让我拿滨田弘一（可以说是当今日本最著名的经济学家）使用的比喻来说明。 他从意大利细面的比喻中受到启发，诙谐地提出可以把意大利细面变成意大利宽面，把细面（双边优惠贸易协定）整合成粗面（次区域或区域自由贸易协定）后再汇入完全的多边贸易这大块比萨饼。

然而，即使是粗面条，也和细面条一样，并不是完全相同①。用贝夏美酱调味的托斯卡纳粗面条、 用松子青酱调味的利古里亚粗面条和用乳清调味的那不勒斯粗面条这三种面条能放在一起

---

① 在高级的意大利餐馆点餐的人都知道，细面条本身也有不同规格。——作者注

吗？ 同理，我们能用双边的不同形状和尺寸的石头来搭建多边的房屋吗？ 但是，滨田弘一这一具有欺骗性的建议所遇到的问题更为致命，因为粗面条根本不能用细面条而必须用面粉来制作，而且比萨饼也不能用粗面条来制作。

如果你仔细观察不同的优惠贸易协定，这点会非常明显。 首先，具体每项产品的关税税率在各个优惠贸易协定中高低不一，如果把这些大量优惠贸易协定合并则必须把每一项产品的税率协调一致。 仅就关贸总协定第二十四条规定允许的优惠贸易协定而言，税率协调将是一项宏大的工程，如果再加上授权条款项下签订的那些无数的优惠贸易协定，便更无法想象，因为这些优惠贸易协定的关税减让有的是部分的，只针对少数几个产业，因此每一产业在这些协定之间的差别更是杂乱。

其次，按产品制定的原产地规则在各优惠贸易协定之间也各异。 制定这类原产地规则的初衷在于限制贸易自由化带来的竞争，因此也会给整合带来相同的难题。 即使从技术上可以在各国之间就制定统一的原产地规则（神奇地）达到一致（目前还没有），但那些本国游说团体会只是因为我们想把细面条变为粗面条而突然放弃他们已经谈判成功的一大堆原产地规则吗？ 这可是他们已经获得的对自己有利的 "政治均衡" 呀！

再次，如前所述，美国所谈判的优惠贸易协定越来越多地被本国游说团体用来加入他们的各种要求，而这些要求都是一些与贸易无关的政治主张。于是，劳工和环境问题、对采取资本控制措施的限制，以及增强版的知识产权保护协定（指超出世界贸易组织项下《与贸易有关的知识产权协定》范围的），现在都被美国引入了双边贸易协定。在过去的20多年间，由于美国在签署中加入了不同的要求，双边优惠贸易协定呈现出相当的多样性，以至于它的形式统一成为一个难题。此外，即使三大区域板块这种粗面条目标可以神奇地实现，（如果每一碗面条都有一份相互不同的，与贸易无关的要求的菜单）这三碗粗面条有可能合并成多边的比萨饼吗？

最后，你会发现，政治家们的表态往往空话连篇，尤其是那些热衷于扩散优惠贸易协定的政治家，他们通常都会表示希望细面条能变成粗面条。比如，曾签署过不止一个优惠贸易协定的新加坡总理吴作栋在2001年时曾希望"（新加坡的）优惠贸易协定能实际地为形成亚太经合组织范围的自由贸易区铺平道路"，而且"新加坡的意图就是以新加坡为中心编织连接亚太经合组织成员之间的网络，从而使该组织走向在亚太地区实现自由贸易的道路"①。倘若亚太经合组织能建成一个区域性自由贸易协定而不

---

① 引自邓特的《亚太地区新自由贸易协定》第227页。另参见他的一篇优秀文章《整整一圈？构建亚太自由贸易区的理想和磨难》（《太平洋评论》，第二十卷，2007年第4期，第447~74页），该文阐述了从细面条到粗面条面临着巨大的几乎不可逾越的困难。——作者注

是说空话的场所,那真可谓是天方夜谭,别忘了美国、中国和日本都是这个组织的成员。

此类不现实的愿望表达屡见不鲜,也许反映出这些政治家越来越意识到他们都走了优惠贸易协定之路会是有害的,对优惠贸易协定产生的负面效应感到担忧。例如,智利总统里卡多·拉戈斯(Ricardo Lagos)在2004年主持亚太经合组织峰会时说:"如果把亚太经合组织成员之间已经签署的协定放在一起会是什么情景? 如果您把这些协定放在一起,那么很可能会看到不同国家之间各种各样的协定。"① 我们完全可以相信,拉戈斯总统从来没有见过这些自由贸易协定,而且我们中间的绝大多数人也没见过。

诚然,在目前优惠贸易协定的泛滥中这些问题真的出现了。你可以尝试制定一些规则让所有新签署的优惠贸易遵循,比如,对所有产品使用统一的原产地规则,制定与贸易无关的要求的统一清单,各项商品在各优惠贸易协定之间适用同样的关税。 但您想象过这些规则有可能在全世界范围内(或者即使在一个较大的区域范围内)实施吗? 最近已经做得最多的是所谓的"累计规则":在美国签署的多个优惠贸易协定中,对任何一个协定国家生产的任何一项产品,在认定其原产地时,产品生产过程中所使用的中间品和原材料,无论是哪一项优惠贸易协定的哪一个协定

---

① 引自邓特的《亚太地区新自由贸易协定》第228页。——作者注

国家的，都可以累计计入该产品的含量①。 不过，坦率地说，这一点相对原产地规则的协调而言不过是沧海一粟。

把最惠国待遇关税降至很低水平

最后还有一个局部的间接解决方案。 优惠与否是相对于最惠国待遇而言的，既然我们对优惠贸易协定取消优惠无能为力，那我们可以把最惠国待遇关税削减至零，以此来消灭优惠。 也就是说，因为我们所需要的是改变比率，如果不能改变分子，则可以改变分母来获得我们想要的结果。 当然，并不是所有人都理解比率的这种性质。 里根总统时期的经济顾问委员会主席贝里尔·斯普林克尔（Beryl Sprinkel）在欧洲要求美元升值时愤怒地说过一句著名的话： "让他们操纵他们的汇率吧，我们会管好自己的汇率的。" 这句话在国际宏观经济学中引起深入研究。

随着优惠贸易协定泛滥问题的升级，现在许多人认为，关键是逐步降低最惠国待遇关税，所以，鉴于最惠国待遇关税大多以互惠形式而不是通过单边的贸易自由化来减让，我们承受不起多哈回合流产之痛。 既然我们做出这种选择（作为我们将来的努力方向），我们也等不起下一回合！

---

① 有些情况下，累计规则（或者它的变体）是按政治目的实施的，如美国—约旦自由贸易协定明确鼓励在约旦生产的产品中含有一定比例的以色列的原材料和零部件。——作者注

我必须承认，这种间接的解决方案只涉及优惠贸易协定通过关税优惠对贸易体制造成的破坏。但是正如我在本书第三章指出的那样，优惠贸易协定对发展中国家的负面影响还包括被超级大国（主要是美国，但欧盟也越来越多）的国内游说团体绑架用来强加一些与贸易无关的要求，这些要求对发展中国家不但毫无明显的有利之处，反而对它们有明显的不利。它们正在接受许多与贸易无关的要求作为享受优惠的永久性代价，而优惠则会随着这些优惠扩大适用到其他国家及最惠国待遇关税的下降（不过是慢慢地）而逐渐丧失，现在是这些国家对此醒悟的时候了。斯堪的纳维亚人很久以前就提出这个观点，理由仅仅是大国把它们的援助称作帮助，但援助不能与帮助相提并论，作为礼品赠送的马可能是特洛伊木马。发展中国家现在就应当把斯堪的纳维亚人的"购者自慎"的警告延伸到贸易领域。

我非常高兴地看到，所有较大的发展中国家在把与贸易无关的要求订入与超级大国签订的优惠贸易协定之前设置了一条底线。去年①，印度坚定地告诉欧盟，如果想与印度签署自由贸易协定，所有与贸易无关的要求免提。而且，我在本书第三章中也提到，鲁拉（Luiz Inacio Lula da Silva）②当政时期的巴西也坚决反对美国倡议的美洲自由贸易协定的此类要求。这些大的发展中国

---

① 即2006年。——译者注
② 鲁拉（Luiz Inacio Lula da Silva）：巴西第40~41任总统。——译者注

家，由于实行民主制度，它们有足够的自尊，不必被超级大国所迫身不由己地接受无理要求，尽管这些无理要求都蒙着皮笑肉不笑的过分恭维和吹捧的假面具。某些发展中国家的学者，甚至提出与像日本这样重要的发达国家签署优惠贸易协定，因为与这样国家签署的优惠贸易协定只包含贸易问题，可以作为排除无理要求的协定的模版。

其实，一些第三世界的非政府组织也意识到了这种威胁。有证据表明，这些非政府组织现在不再施加影响反对贸易，也不再强烈抗议民粹主义的、被误导的且理论依据不足的"不公平贸易"主张①，而是越来越把注意力放在超级大国利用贸易目标来推动实现他们国内游说团体的要求从而损害发展中国家利益的方法上。在此背景下，他们需要发展中国家政府的全力支持，特别是因为第一世界中某些有较大影响的非政府组织，它们一方面会浪费更多的钱，另一方面又在本国政府的资助下推动着那些完全相同的与贸易无关的要求。只有对优惠贸易协定这场游戏的规则做出一个符合实际的评估，提出它对世界贸易组织采取的"分而

---

① "公平贸易"是一个民粹主义的口号，由国际发展及救援非政府组织倡导宣传。该组织的活动领域大大超出饥荒和灾难救济事务。一些被误导的经济学家也支持该口号，例如我尊敬的同事约瑟夫·斯蒂格利茨，但他在国际贸易方面的专业知识并不丰富。不幸的是，只要稍许接触国际贸易政策就会明白"公平贸易"是保护主义用来阻止放宽对发展中国家贸易限制的口号，它的宣传是延缓对发展中国家实行自由贸易的进程的特效药，也为把与贸易无关的要求强加给发展中国家提供了一种表面上的合理性。——作者注

治之，各个击破"的政策对该组织构成的威胁，并组织知识分子和经济学家揭露超级大国及其国内游说团体玩弄的把戏，才能组成一种当前局势所呼唤的反制力量。这将是一场硬战，因为超级大国的政治势力和对它们鼎力相助的国内游说团体的财力一旦相结合会很可怕。①

推动以最惠国待遇为基础的贸易自由化以削弱优惠贸易的负面影响，这一解决方案有较广泛的共识，争议较小。然而，我们必须面对这样一个事实，就像我在本书第三章中提出的那样，尽管对多边贸易谈判成功的需求大于优惠贸易协定的泛滥，但从政治上这样做的能力也许被弱化了。我们的政治领导力还不够大，而且将不得不克服这一困难，我们一定要克服这一困难。

---

① 因为佐立克是美国优惠贸易协定主要设计师，在其任美国贸易代表时也是倡导与贸易无关的要求的坚定支持者，所以应谨慎地对待美国政府提名他为世界银行总裁。不幸的是，世界银行是个捐赠机构，如果由他来掌管，他会推动世界银行援助的国家"谨慎地"接受美国继续鼓吹的优惠贸易协定和与贸易无关的要求，从而大大助长世界银行服务于超级大国的利益。——作者注

附录 优惠贸易协定理论：历史演变及发展趋势

优惠贸易协定理论的演变经历过两个阶段，以两种截然不同的模式，很大程度上反映了当时的不同政策。在本附录中，我将回顾这一演变过程，同时提供历史背景和不同理论分析方法的学术连贯性。[1]

静态分析：贸易创造与贸易转移

维纳：互惠式削减关税

众所周知，雅各布·维纳（1950年）开创了优惠贸易协定理论静态分析的先河。他的分析聚焦自《哈瓦那宪章》（替代流产的国际贸易组织）生效以来一直存在的对优惠贸易协定的政策担忧。1957年欧洲共同体的建立，以及欧洲自由贸易协定的产

---

[1] 本附录提供一个指南，让读者了解战后以来优惠贸易协定理论的主要发展。它为读者补齐了有关教科书中主要提供的优惠贸易协定的政策研究。本指南基于对我和阿文德·潘娜嘉利雅所著《优惠贸易协定理论：历史沿革及发展趋势》（《美国经济评论》文件及会议纪要，1996年5月）一书的简述。——作者注

生，赋予这一理论更直接的政策维度和重大的理论启迪。特别是来自20世纪50年代的理查德·利普塞、凯尔文·兰开斯特、哈利·约翰逊和詹姆斯·米德的经典著作。

维纳的分析方法，正如本文中所解释的那样，最基本的东西是优惠贸易协定不同于非歧视的贸易自由化，它会使协定国家和世界福祉都受到损失。优惠贸易协定既导致贸易转移也带来贸易创造。维纳的这些概念已经被许多人修正过，但他的基本点仍然是重大的学术贡献。①

坎普—万又暄—大山道广：肯定会改善福利的关税同盟

虽然维纳的分析方法已经被证明在理论和政策思考方面是最见成效的，但它有悖于外行人的观念，即优惠贸易协定是个好东西，因为它更接近自由贸易。这种观念正在侵蚀着政策领域。默瑞·坎普和万又暄于1976年发表了一份有影响的文件，带来了大山道广（1972年）鲜为人知的理论贡献，其中文件中的基本观点坎普（1964年）和凡涅克（1972年）已经提出过。它的亮点在于发现我们总是可以在非同盟国家的福利不发生变化的同时，

---

① 参见（特别是）本书中关于"如果在'天然贸易伙伴国家之间'签署优惠贸易协定，贸易转移会很小"这一命题的讨论。这些讨论来自保罗·克鲁格曼（1991年）、潘娜嘉利雅（1995年）和巴格沃蒂和潘娜嘉利雅（1996年）。——作者注

在任何一组国家中组建一个能够带来福利改善的关税同盟。然而，坎普—万又暄的发现实际上是一种"可能性定理"。近年来，一些经济学家，如克里斯托弗·彼利斯（Christopher Bliss）（1994年）和T·N·施瑞尼瓦桑（1997年）已开始给这一理论确定结构，例如，施瑞尼瓦桑正在用替代模型来比较坎普—万又暄的关税定理与第二十四条规定的限定条件之间的关系，即关税同盟的共同对外关税的平均税率不得有变化。

库珀—马赛尔—约翰逊—巴格沃蒂：关税同盟可以降低工业化成本

《罗马条约》诞生之后，许多发展中国家寻求（最后并没有成功）构建相同的优惠贸易协定或关税同盟，理由是在针对已实现工业化的北方国家奉行保护主义的条件下，发展中国家可以在它们之间实行贸易自由化。C·A·库珀和B·F·马赛尔（1965年）、哈里·约翰逊（1965年）及巴格沃蒂（1968）都独自提出过这一观点。

只是在近期我们才有适当的证据表明，这一命题曾被普拉文·克里什纳和巴格沃蒂（1994年）提出过。他们认为，该观点可以被简单地证明为坎普—万又暄定理的一个版本，只是增加了为达到成员国家的工业化水平的目标而使用的一项政策工具。

布雷彻—巴格沃蒂：共同市场内政策和参数变化的成员国家福利效应

理查德·布雷彻和巴格沃蒂（1981年）分析了一个共同市场内要素充分流动的情况。分析还考虑了对外关税、技术诀窍或资本积累方面的变化对单独一个国家的福利的影响。这一分析明显涉及政策问题的分析，比如共同农业政策变化对英国福利的效应。

格罗斯曼—赫尔普曼—克里什纳：组建优惠贸易协定的政治经济学理论分析

最后，随着近来理论界对政治经济学理论的关注和对分析为什么优惠贸易协定正在流行的愿望，关于优惠贸易协定的前沿理论已经转向用模型来分析组建优惠贸易协定的动机。吉恩·格罗斯曼和埃尔赫南·赫尔普曼（1995年）及克里什纳（1998年）模型的主要亮点集中在阐明了贸易转移是组建此类优惠贸易协定的主要动机。此外，对优惠贸易协定的政治经济学分析已经扩展至其他问题。所以，潘娜嘉利雅和罗纳德·芬德利（Ronald Findlay）（1996年）已经证明，在优惠贸易协定中内部削减保护措施会刺激协定国家提高对非协定国家的关税，这是一个重大的政策问题，因为提高这种关税很可能伴有非关税措施。

动态时间—路径分析:"垫脚石"还是"绊脚石"

与 "优惠贸易协定的直接(静态)效应是否是正向的" 这一命题相反,我们可以探讨优惠贸易协定的(动态时间—路径)效应是否一定会加速或减缓贸易壁垒朝着全球性削减的方向持续。

我们要讨论的动态时间—路径分析的核心概念是:优惠贸易协定在走向全球范围内非歧视性贸易自由化的进程中扮演着 "垫脚石" 还是 "绊脚石" 的角色? 这一概念是巴格沃蒂(1991年)引入的,其学术贡献完全可与维纳(1950年)在静态分析中引入贸易转移与贸易创造的核心概念齐肩。

动态时间—路径问题的理论表述

时间—路径问题可以分别用两种方法来进行理论表述。

分析方法一:假定多边贸易谈判的时间—路径与优惠贸易协定的时间—路径各行其道,互不影响,因此不相辅相成。 然而,优惠贸易协定的时间—路径特征是成员国家数量是固定不增加的,而世界贸易组织的成员国家数量却是不断增加而逐步真正具有世界性,最后对所有国家都能实现非歧视的自由贸易。 鉴于此,这一分析方法可以延伸用来比较这两种时间—路径,把这两种削减贸易壁垒的方法按照对实现所有国家都实行全球自由贸易的目标的有效性进行排序。

分析方法二：现在反过来假定多边贸易谈判和优惠贸易协定的时间—路径齐头并进（这也合乎情理），那么两者会相互影响。特别是，推行优惠贸易协定的政策对多边贸易谈判的时间—路径会产生正面或负面的影响。

分析方法一可以借助图 A1 来说明，该图画出了时间—路径的各种可能性，纵轴表示世界福利，横轴表示时间。对于图中的优惠贸易协定的时间—路径而言，路径向上表示协定成员增加；对于多边贸易谈判的时间—路径而言，路径向上表示世界贸易组织所有成员（几乎是全世界的）的贸易壁垒非歧视性降低。优惠贸易协定与多边贸易谈判之间被假定互相独立，优惠贸易协定的时间—路径被假定为不会加快或减缓多边贸易谈判的进程（其结论与分析方法二属于同一类）。目标达到用 "U^*" 来表示，即在某一时间点上贸易壁垒在全球范围内被非歧视性地消除。

分析方法一于是可以用参照优惠贸易协定路径 I～IV 来说明。鉴于此，优惠贸易协定从静态意义上讲可能会直接造成福利增加或福利损失。无论在哪种情况下，时间—路径都会停滞不前。

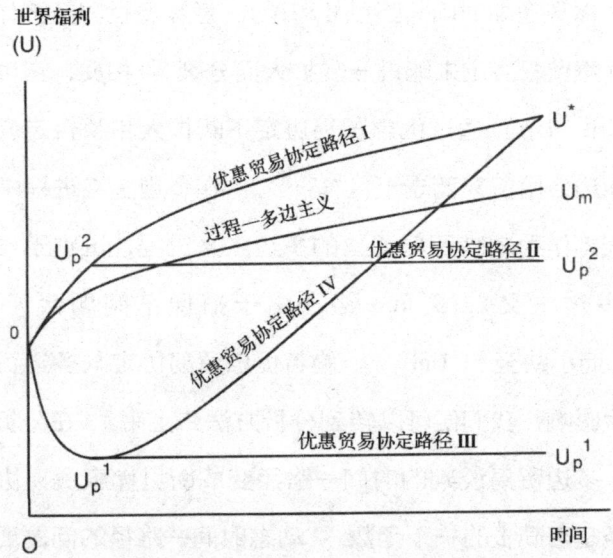

**图 A1　优惠贸易协定作为非歧视性贸易
自由化的"垫脚石"和"绊脚石"概念图**

注：优惠贸易协定可以使世界福利直接从"U"增加至"U_2^p"或者（由于净贸易转移）下降至"U_p^1"。在所有两种情况下，优惠贸易协定的时间—路径都会停滞不前（路径Ⅱ和Ⅳ），意味着世界经济由于最初的贸易集团未能进一步扩展而被分裂，也可能由于优惠贸易协定不断扩张和整合走向（路径Ⅰ和Ⅳ）对所有国家的多边自由贸易提高至"U^*"。在多边主义进程条件下，时间—路径会因为搭便车问题无法达到"U^*"而小跌至"U_m"，或者它会克服搭便车问题并达到"U^*"。该图假定两个时间—路径相互独立，优惠贸易协定的路径不影响多边主义进程的路径。但我们所讨论的则是它们之间的互动。

资料来源：巴格沃蒂（1993年）

世界福利（如时间—路径Ⅱ和Ⅳ），意味着世界经济体系由于最初的优惠贸易协定未能进一步扩大而分裂。相反，它也会（如路径Ⅰ和Ⅳ所示）通过优惠贸易协定不断扩大和整合走向对所有国家的多边自由贸易而走至"U^*"。在多边主义进程中（即多边贸易谈判作为削减贸易壁垒的多边主义进程，区别于作为期望目标的多边主义），时间—路径由于搭便车问题会无法达到"U^*"而小跌至"U_m"。倘若优惠贸易协定与多边贸易谈判互相产生影响，我们便可以转到分析方法二上来。在分析方法二条件下，多边贸易谈判的时间—路径变成衡量优惠贸易协定的时间—路径是否同步的一个函数。动态时间—路径的问题现在已经出现了，它和静态时间—路径所遇到的问题一样，即对政策的关注和政治决策走到理论的前面了。在美国1982年未能在关贸总协定框架内发起多边贸易谈判及美国最后决定放弃关贸总协定第二十四条规定要处罚的优惠贸易协定的背景下，这个问题就出现过。这便是霍布森的选择：如果多边贸易谈判不能被用来继续降低贸易壁垒，那么就会转而使用优惠贸易协定来替代它。

可是，正如在本书中提到过，美国最终采取了分别走优惠贸易协定和多边贸易谈判道路的"两条腿走路政策"，而且它的发言人已经暗示，优惠贸易协定通过诱导加速多边贸易谈判会产生利好的效应。上述这两个不同的问题因此源自美国政策的转向。我在自己的著作（1991年、1993年）中，首次明确了分析这些

问题对国际贸易理论工作者的挑战,并提供了一套初步的论据。我现在把后来发展了的理论学术观点梳理如下:

"内生决定的"时间—路径:一种转移注意力的方法

首先,让我们看看对思考动态时间—路径意义不大的以下理论方法。

坎普—万又暄方法:坎普和万又暄的方法(1976年)表面上看适用我们的问题,其实不然。 显然,图A1中优惠贸易协定的时间—路径到达"U^*" 可以被假定成是不变的,条件是优惠贸易协定的协定国家数量的增加始终满足坎普—万又暄方法中关于组成关税同盟的条件。 但是,这一观点没有说而且也确实不能说的是,优惠贸易协定一定会按坎普—万又暄方法的模式扩张。

克鲁格曼方法:克鲁格曼(1991年)提出的理论方法也存在同样的问题,他的理论也把协定成员的增加视为外生决定的 [维纳(1950年)也如此],而且研究了(世界被机械地分割成呈对称的)贸易集团成员的稳步增加对世界福利的影响。 施瑞尼瓦桑(1993年、1998年)批评了这种具体的结论,认为当这种对称性失去时结果会相反。 但主要的问题是,这一理论方法与激励结构时间—路径问题明显不相干,而这一问题在当今极其重要。

"内生决定的"时间—路径：近期的理论分析

动态时间—路径问题的分析已经转入形式化的政治经济学理论建模阶段。以下是迄今为数不多的根据上面两个不同的命题来进行学术分析所得出的重大理论贡献的简评。

问题一：围绕问题一（即优惠贸易协定增加协定国家数量的激励）的唯一理论贡献是由理查德·鲍德温（1993年）作出的。他聚焦非协定国家加入优惠贸易协定的激励，建模来说明这种冲动具有正能量。优惠贸易协定会创造一个示范效应，让非协定国家想成为协定国家。该观点取决于一个事实，即优惠贸易协定必然给不完全竞争的厂商（非协定国家的）的成本—竞争力带来损失，因为它们的利润由于必须面对协定国家不用缴纳关税而在优惠贸易协定内的市场上下滑。这些厂商于是会游说本国政府加入优惠贸易协定，使政治均衡在边际向加入的要求方面倾斜。最接近边际的国家随后加入了优惠贸易协定（假定协定对其他国家开放），于是市场扩大并提到另一个边际。由于这一假定条件，加上连续性，这一示范效应模型可以使优惠贸易协定的时间—路径达到图 A1 中的 "U*"。

问题二：其他的理论贡献触及问题二（即优惠贸易协定的可能性或时间—路径对多边贸易谈判的时间—路径有利还是有害）。这里，至今为止直接并且相当适当的两个主要分析是由克里什纳

(1998年)和菲利普·列维(1994年)作出的,他们得出了"不利影响"的结论。克里什纳在其模型中把政治进程绘成政府作为"撮合者"来回应厂商的隐性游说。他的寡头竞争模型显示,优惠贸易协定减弱了两个协定国家与非协定国家相互取消关税的激励,而且由于足够的贸易转移,这种激励会减弱到使最初可行的多边贸易自由化进程变得不可能。而列维,他的政治进程模型采用了一种中位选民(median-voter)① 模型,结合规模经济和产品多样性来说明双边自由贸易协定减损对多边自由贸易的政治支持。与此同时,有利影响在模型中是不可能的,因为如果一项多边自由贸易的议案在闭关锁国条件下没有可行性,那么在任何双边自由贸易协定条件下,同样的多边自由贸易议案也不可能变为可行。克里什纳和菲利普的模型因此阐述了当行为动因是受各种不同政治游说团体和利益集团影响时出现的激励结构问题。然而,还有一些理论贡献,包括科依勒·贝格威尔和罗伯特·斯泰格(1993年)的,他们把政府的保守思想视为社会福利最大化的动因,但随后问道,允许优惠贸易协定形成的效应是否影响关注多边体制贸易政策的产出?

总而言之,巴格沃蒂提出了驱使美国同时采用优惠贸易协定

---

① 中位选民(median-voter):指其偏好落在所有选民偏好序列的中间的选民,根据中位选民原理,在参数裁定原则下,假定选民的爱好是单峰的,则选择的结果是由中位选民的偏好决定的——译者注。

和多边主义政策的非形式化的观点,并在本书第三章中进行了讨论。他假定一个"自私自利的超级大国"虽然坚持多边主义,但仍利用优惠贸易协定作为讨价还价的战略来分化非超级大国的政府并改善最终多边产出,使其有利于自己的需求。滨田弘一(1995年)从理论上分析了经典的查尔斯·金德伯格(1981年)的"利他主义的超级大国"和巴格沃蒂(1994年)的"自私自利的超级大国"命题的不同(静态的)影响。

附录参考文献

Bagwell, Kyle, and Robert Staiger. 1993. "Multilateral Cooperation During the Formation of Free Trade Areas." Working Paper No. 4364, National Bureau of Economic Research, Cambridge, Mass. (Published in 1997, *International Economic Review*.)

Baldwin, Richard. Novmber 1993. "A Domino Theory of Regionalism." Working Paper No. 857, Centre for Economic Policy Research, London. (Published in 1995, *Expanding European Regionalism: The EU's New Members*.)

Bhagwati, Jagdish. 1968. "Trade Liberalization among LDCs, Trade Theory and GATT Rules." In J. N. Wolf, ed., *Value, Capital, and Growth*. Oxford: Oxford University Press, 21~43.

———. 1991. *The World Trading System at Risk*. Princeton, N. J.:

Princeton University Press.

——. 1993. "Regionalism and Multilateralism: An Overview." In Jaime de Melo and Arvind Panagariya, eds., *New Dimensions in Regional Integration*. Cambridge: Cambridge University Press, 22~51.

——. 1994. "The World Trading System." *Journal of International Affairs* 48, no. 1: 279~85.

Bhagwati, Jagdish, and Arvind Panagariya. 1996. "Preferential Trading Areas and Multilateralism: Strangers, Friends or Foes?" In Jagdish Bhagwati and Arvind Panagariya, eds., *Free Trade Areas or Free Trade? The Economics of Preferential Trading Agreements*. Washington, D. C.: American Enterprise Institure Press.

Bliss, Christopher. 1994. *Economic Theory and Policy for Trading Blocks*. Manchester, U. K.: Manchester University Press.

Brecher, Richard, and Jagdish Bhagwati. 1981. "Foreign Ownership and the Theory of Trade and Welfare." *Journal of Political Economy* 89, no. 3: 497~511.

Cooper, C. A., and B. F. Massell. 1965. "Toward a General Theory of Customs Unions for Developing Countries." *Journal of Political Economy* 73, no. 5: 561~76.

Frankel, Jeffrey, Ernesto Stein, and Shang-Jin Wei. 1995. "Trading Blocs and the Americas: The Natural, the Unnatural, and the Supernatural. " *Journal of Development Economics* 47, no. 1: 61 ~ 96.

Grossman, Gene, and Elhanan Helpman. 1995. "The Politics of Free Trade Agreements. " *American Economic Review* 85, no. 4: 667 ~ 90.

Hamada, Koichi. August, 1995. "A Simple Analytic of a Selfish Hegemon. " Working Paper No. 174, Iris Center, University of Maryland.

Johnson, Harry. 1965. "An Economic Theory of Protectionism, Tariff Bargaining, and the Formation of Customs Unions. " *Journal of Political Economy* 73, no. 3: 256 ~ 83.

Kemp, Murray C. , and Henry. Wan. 1976. "An Elementary Proposition Concerning the Formation of Customs Unions. " *Journal of International Economics* 6, no. 1: 95 ~ 97.

Kindlebeger, Charles. 1981. "Dominance and Leadership in the International Economy. " *International Studies Quarterly* 5, no. 2: 242 ~ 54.

Krishna, Pravin. 1998. "Regionalism and Multilateralism: A Political Economy Approach. " *Quarterly Journal of Economics* 113: 227 ~ 51.

Krishna, Pravin, and Jagdish Bhagwati. April 1994. "Necessarily

Welfare-Enhancing Customs Unions with Industraialization Constraints." Working paper, Columbia University. (Published in 1997, *Japan and the World Economy*.)

Krugman, Paul. 1991. "The Move to Free Trade Zones." In Federal Reserve Bank of Kansas City, ed., *Policy Implications of Trade and Currency Zones*. Kansas City, Mo.: Federal Reserve Baqnk of Kansas City, 7~41.

Levy, Philip. 1994. "A Political Economic Analysis of Free Trade Agreements." Economic Growth Center Discussion Paper No. 718, Yale University.

Ohyama, Michihiro. 1972. "Trade and Welfare in General Equilibrium." *Keio Economic Studies* 9, no. 2: 37~73.

Panagariya, Arvind. 1995. "The Free Trade Area of the Americas: Good for Latin America?" Center for International Economics Working Paper No. 12, University of Maryland. (Published in 1996. *World Economy*.)

Panagariya, Arvind, and Ronald Findlay. 1996. "A Political Economy Analysis of Free Trade Areas and Customs Unions." In Robert Feenstra, Douglas Irwin, and Gene Grossman, eds., *The Polictical Economy of Trade Reform*. Cambridge, Mass.: MIT Press.

Srinivasan, T. N. 1993. "Discussion." In Jaime de Melo and

Arvind Panagariya, eds., *New Dimensions in Regional Integration.* Cambridge: Cambridge University Press, 84~89.

——. 1997. "Common External Tariffs of a Customs Union: The Case of Identical Cobb-Douglas Tastes." *Japan and the World Economy* 9, no. 4: 447~65.

Summers, Lawrence. 1991. "Regionalism and the World Trading System." In Federal Reserve Bank of Kansas City, ed., *Policy Implications of Trade and Currency Zones.* Kansas City, Mo: Federal Reserve Bank of Kansas City, 295~301.

Viner, Jacob. 1950. *The Customs Union Issue.* New York: Carnegie Endowment for International Peace.

Wonnacott, Paul, and Mark Lutz. 1989. "Is There a Case for Free Trade Areas?" In Jeffrey Schott, ed., *Free Trade Areas and U. S. Trade Policy.* Washington, D. C.: Institute for International Economics, 59~84.

词语解释

美国劳工联合会—工业组织代表大会（The American Federation of Labor-Congress of Industrial Organizations，缩写 AFL-CIO）：简称"劳联—产联"，是美国工会的自愿组织，代表全国的1300万人。由成立于1886年的美国劳工联盟（The American Federation of Labor，缩写 AFL）和成立于1953年的工业组织协会（The Congress of Industrial Organizations，缩写 CIO）于1955年联合而成。总部设在华盛顿。

亚太经合组织（The Asia-Pacific Economic Cooperation，缩写 APEC）：成立于1989年，旨在讨论地区经济、投资、合作及贸易问题。成员已达21个国家（地区），占世界经济总量的60%。

关税同盟（Customs Unions）：指两个或两个以上国家相互之间取消对贸易的关税和配额，以及实行优惠措施，并且对从同盟以外的国家或地区进口的商品实行共同关税。它基本上以优惠贸易协定为基础，但对同盟以外国家实行统一的贸易政策。

加拿大—美国自由贸易协定（The Canada-United States Free Trade Agreement，缩写 CUFTA）：加拿大与美国于1988年签署的自由贸易协定，几年以后被增加有墨西哥参加的北美自由贸易协定取代。

自由贸易区（Free Trade Areas，缩写 FTA）：两个或两个以上国家决定对其之间绝大部分（甚至全部）货物取消关税和配额，以及实行优惠措施时组成，它与关税同盟不同，自由贸易区的成员国家对区外的国家不实行统一的贸易政策。

美洲自由贸易区（The Free Trade Area of The Americas，缩写 FTAA）：酝酿中的自由贸易区，将包括美洲所有国家，但进展缓慢。

亚洲太平洋自由贸易区（The Free Trade Area of Asia and Pacific，缩写 FTAAP）：酝酿中的亚太经合组织成员之间的自由贸易区。

《服务贸易总协定》（The General Agreement on Trade in Services，缩写 GATS）：世界贸易组织最重要的协定之一，1995年1月正式生效，是第一个也是唯一一个规范国际服务贸易的多边规则。

关贸总协定（The General Agreement on Tariffs and Trade，缩写 GATT）：首次签署于1947年。该协定旨在提供一个公共集会场所，通过规范并削减对贸易货物的关税及提供一个解决贸易争端的共同机制，鼓励缔约方之间实现自由贸易。关贸总协定被并入其继任者——世界贸易组织。

普惠制（The Generalized System of Preferences，缩写 GSP）：

免除世界贸易组织中欠发达成员国家履行最惠国待遇规则的义务，从而允许这些国家非互惠地进入发达国家市场。

国际劳工组织（The International Labor Organization，缩写ILO）：联合国专门机构，寻求失去的社会正义和国际公认的人权和劳工权利。成立于 1919 年，是根据《凡尔赛和约》唯一尚存的作为国际联盟的附属机构，并于 1946 年成为联合国第一个专门机构。国际劳工组织以公约和建议形式制定国际劳工标准，设定基本劳动权利，包括结社权利、组织工会的权利、集体磋商权利、废除强制劳动、机会与待遇平等的最低标准，以及规制其他涉及劳动的所有问题的条件的标准。

最惠国（Most-favored-nation，缩写MFN）：最惠国原则体现在关贸总协定（及部分国际条约）中。它要求关贸总协定的每个缔约方将其对某个产品实施的最低关税扩大适用到所有其他成员。关贸总协定对最惠国原则规定有具体的例外，如第二十四条规定，部分缔约方成员可以对自由贸易协定和关税同盟以外的国家不遵守最惠国原则。

多边贸易谈判（Multilateral Trade Negotiations，缩写MTN）：多边贸易谈判包括关贸总协定主持的最后一轮乌拉圭回合，以及世界贸易组织发起的第一轮多哈回合（亦称多哈发展议程）。

非政府组织（Nongovernmental Organizations，缩写NGO）：民间机构，从事减轻痛苦、推动贫穷人利益诉求、提供基本社会服务或发展社区等活动。从广义上讲，非政府组织的名称可用于所有独立于政府的非营利组织。

优惠贸易协定（Preferential Trade Agreements，缩写PTAs）：以减让关税的方式给予来自某些国家的某些产品市场准入的优惠。目前，自由贸易协定是最典型的优惠贸易协定。

世界贸易组织（World Trade Organization，缩写WTO）：处理国家间贸易规则的唯一全球性国际组织。世界贸易组织由1986年至1994年进行的乌拉圭回合谈判创立，并于1995年1月1日正式成立。该组织的核心是世界上大多数贸易国家谈判签署并由其议会批准的贸易总协定。截至2007年7月27日，其成员已增加到151个国家（地区）。世界贸易组织总部设在瑞士日内瓦。

布雷顿森林机构（Bretton Woods Institutions）：指1944年在美国新罕布什尔州布雷顿森林创建的世界银行及其姊妹机构国际货币基金组织。两个机构合称布雷顿森林机构。

公民社会（Civil Society）：指介于国家、商界和家庭之间的一套制度、组织及行为规范，特别包括各种自愿者和非营利组织、慈善机构、社会及政治活动、其他形式的社会参与与承诺，以及与其相关的价值观和文化。本书中的公民社会仅指非政府组织。

共同市场（Common Markets）：指一组国家之间不仅对贸易取消关税和配额，实行优惠措施并同意对来自本组国家外部的进口征收统一的关税,还对生产要素(即劳动力和资本)取消内部壁垒。共同市场建立在一个关税联盟基础之上,并实行劳动力和资本自由流动。

核心劳动权利(Core Labor Rights or Standards):指《国际劳工组织关于劳动的基本原则和权利的宣言》规定的结社自由权和集体谈判权、消除一切形式的强迫劳动、禁止使用童工、消除雇佣和职业歧视。

国内非政府组织(Domestic NGOs):主要关注国内问题,如水质量、虫害及嫁妆等的非政府组织,典型的例子是印度的科学与环境中心。

全球非政府组织(Global NGOs):处理全球问题,包括诸如国际货币基金组织、世界贸易组织和世界银行一类国际机构带来的问题的非政府组织。

《京都议定书》(Kyoto Protocol):全称《联合国气候变化框架公约的京都议定书》,是1992年在巴西里约热内卢召开的地球峰会上发起的《联合国气候变化框架公约》(United Nations Framework Convention on Climate Change,缩写UNFCCC)的补充条款。《京都议定书》亦称《京都条约》(Kyoto Treaty),在原有的约束减排目标基础上前进了一步,其文本是1997年12月在日本京都由联合国气候变化框架公约参加国三次会议制定的。

天然贸易伙伴(Natural Trading Partners):如果国家之间的

贸易量较大或者地理上毗邻，便被称为天然贸易伙伴。多个经济学家认为天然贸易伙伴国家之间的优惠贸易协定更容易受益。

经济合作与发展组织（Organization for Economic Cooperation and Development，缩写 OECD）：是由 30 多个市场经济国家组成的政府间国际经济组织，旨在共同应对全球化带来的经济、社会和政府治理等方面的挑战，并把握全球化带来的机遇。成立于 1961 年，原身是用来管理第二次世界大战后重建欧洲的马歇尔计划项下美国和加拿大的援助的欧洲经济合作组织（Organization for European Economic Cooperation）。

证券投资资本（Portfolio Capital）：证券投资资本流向投资时给投资者带来一个股本回报率，但对所投资的公司不得控股，一般也不寻求控股。证券投资资本通常是短期资本流，如发生在亚洲金融危机前的资本外流就是典型的以证券投资资本为主。

1934 年互惠贸易协定法案（Reciprocal Trade Agreements Act，1934）：是对美国斯姆特—霍利关税法（The Smoot—Hawley Tariff Act）爆发性的失败的回应。该法通过授权富兰克林·德拉诺·罗斯福总统以互惠的条件在双边关税减让谈判中减让关税。

区域主义（Regionalism）：在关贸总协定和世界贸易组织中用于指所有优惠贸易协定，即使是在不是真正意义上的"区域"国家之间的优惠贸易协定。

原产地规则（Rules of Origin）：由于在优惠贸易协定中要根

据进口产品的产地决定是否适用优惠关税,原产地规则用来认定产品最初出自哪里。 我们还没有一个唯一的、公认的规则。 此外,优惠贸易协定的原产地规则五花八门,按照各国游说团体的诉求定制,人为武断。

斯姆特—霍利 1930 年关税法(The Smoot—Hawley Act, 1930):于 1930 年 6 月 17 日经签署成为法律,该法案将 2000 多种的进口商品关税提升到历史最高水平。 当时在美国,有 1028 名经济学家签署了一份请愿书抵制该法案,批评其使大萧条更恶化。 而在该法案通过之后,许多国家对美国采取了报复性关税措施,使美国的进口额和出口额都骤降 50% 以上。

"意大利面条碗"现象(Spaghetti Bowl):指随着优惠贸易协定的泛滥,对同一项产品按产地适用不同的原产地规则和不同的关税,像碗里的意大利面条一样,一根根地绞在一起,剪不断,理还乱。 我把这种现象称为"意大利面条碗"现象或效应。

"绊脚石"与"垫脚石"(Stumbling Blocks and Building Blocks):优惠贸易协定既会促进也会阻碍多边贸易自由化。 起促进作用时,它们是多边贸易自由化的"垫脚石";起阻碍作用时,则是"绊脚石"。 该词汇是我于 1991 年引入的。

贸易政策审议机制(Trade Policy Review Mechanism):是世界贸易组织确保其成员提高贸易政策的透明度,要求其公布其贸易规制并将贸易政策的改变通知世界贸易组织。 所有世界贸易组织的成员都必须接受贸易政策审议，各成员接受审议的频率取决于该成员在世界贸易中所占的份额。

美国贸易代表（U. S. Trade Representative）：美国主要贸易谈判代表和贸易政策首席顾问，在日内瓦世界贸易组织和美国华盛顿均设有办公室。

达沃斯世界经济论坛（World Economic Forum, Davos）：成立于1971年，因政界、企业界和新闻机构的领袖人物在瑞士达沃斯举办年会而盛名。

参考文献

参考文献主要列出近年来我在关于这一方面浩瀚的学术文献中发现的有用的文章和著作,其中许多对撰写这本小书很有帮助。

论文

Aggarwal, Vinod K. "The Political Economy of a Free Trade Area of the Asia-Pacific: A U. S. Perspective." In Charles E. Morrison and Eduardo Pedros, eds., *An APEC Trade Agenda? The Political Economy of a Free Trade Area of the Asia-Pacific.* Singapore: ISEAS, 2007.

Bhagwati, Jagdish, David Greenaway, and Arvind Panagariya. "Trading Preferentially: Theory and Policy." *Economic Journal*, July 1998, 1128~48.

Dent, Christopher. "Full Circle? Ideas and Ordeals of Creating a Free Trade Area of the Asia-Pacific." *Pacific Review* 20, no. 4 (2007), 447~74.

Evenett, Simon, and Michael Meier. "An Interim Assessment of the U. S. Trade Policy of 'Competitive Liberalization'" (July 2006; revised Feburary 2007). *World Economy*, forthcoming.

Panagariya, Arvind. "The Free Trade Area of the Americas:

Good for Latin America?" In Chris Milner, ed., *Developing and Newly Industrializing Countries*, vol. 1. Cheltenham, UK: Edward Elgar, 1998).

著作

Aggarwal, Vinod K., and S. Urata, eds. *Bilateral Trade Arrangements in the Asia-Pacific: Origins, Evolution, and Implications.* New York: Routledge, 2006.

Anderson, Kym, and Richard Blackhurst, eds. *Regional Integration and the Global Trading System.* London: Harvester Wheatsheaf, 1993.

Bhagwati, Jagdish. *Free Trade Today.* Princeton, N. J.: Princeton University Press, 2003.

——. *The World Trading System at Risk.* Princeton, N. J.: Princeton University Press, 1991.

Bhagwati, Jagdish, Pravin Krishna, and Arvind Panagariya, eds. *Trading Blocs: Alternative Approaches to Analyzing Preferential Trade Agreements.* Cambridge, Mass.: MIT Press, 1999.

Bhagwati, Jagdish, Pravin Krishna, and T. N. Srinivasan. *Lectures on International Trade.* 2nd ed. Cambridge, Mass.: MIT Press, 1998.

Bliss, Christopher, *Economic Theory and Policy for Trading*

Blocs. Manchester, UK: University of Manchester Press, 1994.

De Melo, Jaime and Arvind Panagariya, eds. *New Dimensions in Regional Integration*. Cambridge: Cambridge University Press, 1993.

Dent, Christopher M. *New Free Trade Agreements in Asia-Pacific*. Basingstoke, UK: Palgrave Macmillan, 2006.

Frankel, J. A. *Regional Trading Blocs in the Wolrd Economic System*. Washington, D. C. : Institute for International Economics, 1997.

Irwin, Douglas A., Petros C. Mavroidis, and Alan Sykes. *The Genesis of the GATT*. New York: Cambridge University Press, forthcoming, 2008.

Jackson, John H. *World Trade and the Law of GATT*. Indianapolis: Bobbs-Merrill, 1969.

Krishna, Pravin. *Trade Bolcs: Economics and Politics*. Cambridge: Cambridge University Press, 2005.

Lawrence, R. Z. *Regionalism, Multilateralism, and Deeper Integration*. Washington, D. C. : Brookings Institution, 1996.

Mathis, John H. *Regional Trade Agreements in the GATT/WTO*. The Hague: T. M. C. Asser Press, 2002.

Meade, James E. *The Theory of Customs Unions*. Amsterdam: North Holland, 1955.

O'Keefe, Thomas A. *Latin American Trade Agreements*. Leiden,

The Netherlands: Martinus Nijhoff, 1997.

Panagariya, Arvind. *Regionalism in Trade Policy: Essays on Preferential Trading*. Singapore: World Scientific Press, 1999.

Ravenhill, J. *APEC and the Consturction of Asia-Pacific Regionalism*. Cambridge: Cambridge University Press, 2001.

Viner, Jacob. *The Customs Union Issue*. New York: Carnegie Endowment for International Peace, 1950.

WTO Consultative Board to the Director-General Supachai Panitchpakdi. *The Future of the WTO: Addressing Institutional Challenges in the New Millennium*. Geneva: World Trade Organization, 2005.

调查报告

Baldwin, Richard E., and Anthony J. Venables. "Regional Economic Integration." In G. M. Grossman and K. Rogoff, eds., *Handbook of International Economics*, Vol. 3. Amsterdam: Elsevier, 1995.

Panagariya, Arvind. "Preferential Trade Liberalization: The Traditional Theory and New Developments." fournal of Economic Literature 38 (June 2000): 287~331.

索引*

进步联盟 / 36
美国劳工联合会—工业组织代表大会（AFL—CIO）/ 135
　　~劳工标准 / 92, 92 脚注①
《安第斯优惠法案》/ 97
凯姆·安德森 / 13（前言）
反倾销 / 51
　　~作为贸易壁垒 / 62
汉斯·阿恩特 / 7
　　~纪念讲座 / 11（前言）
第五条规定 / 32 – 33
《服务贸易总协定》~ / 25
第二十四条规定 / 12 脚注②
　　~与行政保护 / 62
　　~与共同对外关税 / 61
　　肯尼斯·达姆 / 28
　　发展中国家无视~ / 30, 32
　　~的纪律 / 12, 28
　　~的软化 / 27, 37
　　~的执行 / 30
　　~与欧洲共同市场 / 28
　　例外通过~ / 11
　　~的利用 / 27, 37

~的意图 / 26
~下的优惠贸易协定 / 29, 62 – 63, 62 脚注①
~的否决 / 99 – 100
~的限定条件 / 23 – 26
~带来的贸易转移 / 61
美国利用~ / 42
世界贸易组织的~ / 10（前言）
亚太经合组织（APEC）/ 11（前言），50, 135
　　~作为自由贸易协定 / 98 – 99
东南亚国家联盟
　　~与美国的关系 / 54
澳大利亚国立大学 / 11（前言）
澳大利亚—美国自由贸易协定
　　~和知识产权保护方面的规定 / 93
　　对~游说 / 93
科依勒·贝格威尔 / 5（前言），129
詹姆士·贝克 / 43
理查德·鲍德温 / 5（前言），53, 81, 128
罗伯特·鲍德温 / 5（前言）

---

* 索引内容根据原版图书翻译，所标注页码为中文译本的页码。——编者注

克劳德·巴菲尔德／5（前言）
查琳·巴尔舍夫斯基／101
弗雷德·伯格斯腾／54，99－103
贾格迪什·巴格沃蒂／121－122，129－130
双边主义／60
　　～与关税升级和货币贬值／8
　　～与"意大利面条碗"现象／81
　　～与世界贸易／5
双边贸易协定／1 脚注①
理查德·布莱克赫斯特／13（前言）
克里斯托弗·彼利斯／121
"垫脚石"还是"绊脚石"／46，109，141
　　　～的动态时间—路径分析／123
　　　优惠贸易协定作为～／94－103
　　　～与美国／102
爱瑞克·邦德／5（前言）
理查德·布雷彻／3（前言），122
布雷顿森林机构／13（前言），9，138
英国
　　～的贸易政策／6
　　～与欧洲共同体／40
　　～的霸权／6
劳工局／101
加拿大—美国自由贸易协定（CUFTA）／45，135
　　　～规定的含量标准／79
卡耐基国际和平基金会／21

中美洲自由贸易协定（CAFTA）
　　～与哥斯达黎加／97
　　～与美国的威胁／96
克里·蔡斯／24
皇家国际事务研究所／6
约翰·奇普曼／5（前言）
公民社会／138
哥伦比亚大学法学院／9（前言）
哥伦比亚大学／17（前言）
对贸易的限制规定／26
贸易政策
　　英国的～／6
　　～的战后理论／2（前言）
区域优惠协定委员会／29
　　对～的政治支持／30
共同农业政策／122
共同市场／138
竞争性自由化／98
　　佐利克认为～／94－95
一般均衡模型（CGE）／65 脚注①
协调单边自由化／100
核心劳动权利／139
优惠贸易协定对世界性受益的影响／58
哥斯达黎加与中美洲自由贸易协定／96－97
《科托努协定》／98
里根总统时期的经济顾问委员会／114
对外关系委员会／16－17（前言）
货物贸易理事会／27

克莱夫·克鲁克／9（前言）
伊凡·克劳利／17（前言）
关税同盟（CUs）／1（前言），1，135
　　～的实现／29
　　～降低工业化成本／121
　　美国放弃～／24
　　～增加全球福利／21，120
肯尼斯·达姆／10（前言），28－29
咨询公司／21
雷吉斯·德布雷／55
克里斯托弗·登特／74，80
发展中国家
　　～对第二十四条规定最严重的无视／30，32
　　理查德·鲍德温／53
　　联合～／49
　　～和竞争／48
　　～的信誉／52
　　～见样学样／50
　　～与普惠制／31
　　～与以大国为中心的优惠贸易协定／116
　　～的劳工标准／90
　　～达成最惠国待遇免责方式／31
　　～的动机／51
　　～的政治筹码／49
　　～签订优惠贸易协定／48－56，114
　　～的分工／35

～与贸易自由化／83
～与与贸易无关的问题／83
～的问题／51
伊莱亚斯·迪诺普洛斯／3（前言）
歧视性关税减让／26脚注①
多哈回合／11（前言），49－51，105－106
　　～的失败／114
国内环境标准／87
　　～中的国际污染／87－88
　　～与美国和墨西哥的污染税／88
彼得·德赖斯代尔／6（前言）
阿瑟·邓克尔／12（前言），105－106
东非共同市场／35
《20世纪30年代的经济教训》／7脚注①
经济伙伴协议／98
《经济学人》／11（前言）
《授权条款》
　　～的实施／37
　　普惠制下的～／32
　　～的解释／33－34
　　～签订的优惠贸易协定／111
欧洲共同市场
　　～与第二十四条规定的限定条件／27
欧洲共同体／25，120
　　～的成立／36
　　～与法国／39－42

加入～／41
欧洲自由贸易协定／119
欧洲自由贸易区／36
欧盟（EU）／16
　　～的自由贸易协定／108
　　加入～／42
　　～给予的优惠／97
　　～走优惠贸易协定的道路／12（前言），37，42
　　～与贸易自由化／42
　　美国对～的支持／36
西蒙·伊文内特／6（前言），96
汇率
　　～与优惠贸易协定／100
　　贝里尔·斯普林克尔／114
　　美国的～／44–45
出口保护主义／91
公平贸易／116脚注①
《金融时报》／9（前言），11（前言），82脚注①，98脚注②
罗纳德·芬德利／122
赛思·弗拉克斯曼／16–17（前言）
框架小组／31
欧盟和法国／39–42
杰弗里·弗兰克尔／3（前言）
自由贸易
　　自由贸易协定／21–22
　　　　科德尔·赫尔／2
　　　　～与政策制定者／19
　　　　～与优惠贸易协定／19–23
　　　　～与里根总统／45脚注②

～的理解／22–23
亚太自由贸易区（FTAAP）／54，136，参见太平洋优惠贸易协定项目，74
　　～的"意大利面条碗"现象／74，99
美洲自由贸易区（FTAA）／136
　　～的拒绝／115–116
自由贸易区（FTAs）／1（前言），136
　　～的协定／24
　　亚太经合组织作为～／99
　　～整合双边优惠贸易协定／110
　　～就共同对外关税进行谈判／24，108
　　～的适用／24
　　欧盟的～／108
　　～与自由贸易／20–21
　　全球的～／75
　　李显龙／50
　　～适用最惠国待遇的例外／24，24脚注①
　　～的相当一部分条款／98
　　环洋～／16
　　～保护／20，122
　　～作为优惠贸易协定／1，22
　　～中的原产地规则／80–81
　　～与南部非洲关税同盟国家／85
　　～一系列与贸易无关的要求／95

~的两面性 / 20 – 21
～与美国 / 96
非歧视自由贸易政策
～的消亡 / 6 – 7
～的重建 / 8
卡洛琳·弗洛德 / 3（前言）
冯国经 / 82
"世界贸易组织的未来——在新世纪中迎接体制挑战" / 15（前言）
阿兰·加西亚 / 55, 56
戴高乐，关于欧洲共同体成员之间的关系 / 40
关贸总协定（GATT）/ 11, 136
资金短缺的～ / 13（前言）
～作为事实机构 / 9
～的意图 / 9
～的成员义务 / 30 – 31
～下最惠国待遇性的贸易自由化 / 20
～的谈判回合 / 10
～的投票模式 / 42
《服务贸易总协定》（GATS）/ 136
～第五条规定 / 25
普惠制（GSP）/ 136
～与发展中国家 / 31
～与联合国贸易和发展大会 / 31
全球化说明 / 78 – 79
吴作栋 / 112
贸易转移重力模型 / 64 – 65, 64 脚注 2

厄尔·格里诺尔斯 / 3（前言）
吉恩·格罗斯曼 / 4, 122
理查德·哈斯 / 17（前言）
戈特弗里德·哈伯勒 / 4, 4 脚注 8
滨田弘一 / 6（前言），130
协调制度（HST）/ 77
《哈瓦那宪章》/ 23 脚注①, 119
以大国为中心的自由贸易协定
～的竞争 / 53 – 54
信誉来源于～ / 52 – 53
～与发展中国家 / 116
保险来源于～ / 52
～的贸易转移 / 54
～对非贸易议题的推动 / 55, 82 – 84, 92 – 94
～与世界贸易组织 / 116
埃尔赫南·赫尔普曼 / 6（前言），122
本田汽车原产地规则 / 77 – 79
李显龙 / 50
罗伯特·休德克 / 9, 86
科恩尔·赫尔 / 2, 3
收入增长与贸易增长 / 22
工业化成本 / 34 – 35, 121
～与进口替代政策 / 34
国际经济研究院 / 46
知识产权保护（IPP）
～的主张 / 84 – 85
～的协议 / 86
～与澳大利亚 – 美国自由贸易协定 / 93

国际劳工组织（ILO）／137
　　~的标准／91-92，92脚注①
国际货币基金组织（IMF）／13（前言），23
　　~的资本流动控制／92
国际贸易
　　~与非歧视规则／3
　　~与"意大利面条碗"现象／81
雅各布·维纳／21
国际贸易组织（ITO）／9，23，119
发展中国家之间签订的优惠贸易协定
　　~的联合／49
　　~的竞争／48
　　~作为保险／50-51
　　~的媒体报道、政治筹码／49
　　~的动因／48-51
阿历克斯·欧文／82
道格拉斯·厄尔文／4（前言）
约翰·杰克逊／10（前言），27
梅丽特·杰诺／10（前言）
雅各布·贾维茨／16
哈利·约翰逊／4-5（前言），120
　　~的讲座／2（前言）
居伊·德·容凯尔／99
米基·坎特／101
默瑞·坎普／6（前言），120，127
肯尼迪回合／36
约翰·梅纳德·凯恩斯／4
　　~的关于歧视／2-3

~的关于二战期间／2-5
查尔斯·金德伯格／94，130
卡拉·克里希纳／6（前言）
普拉文·克里什纳／4（前言）、10（前言），121
安妮·克鲁格／6（前言）
保罗·克鲁格曼／4（前言），15，66，127
李光耀／51
《京都议定书》／139
劳工标准
　　~与美国劳联-产联／90
　　不同国家的~／88-89，89脚注①
　　发展中国家的~／91
　　实施~／89-91，90脚注①
　　美国的~／88-90
卡多·拉戈斯／113
萨亚尔·拉希里／6-7（前言）
帕斯卡尔·拉米／14（前言），15，17，105，107
凯尔文·兰开斯特／7（前言），120
拉丁美洲自由贸易区／35
罗伯特·劳伦斯／7（前言）
最不优惠国待遇（LFN）／17
戴维·黎布朗／10（前言）
卡尔·莱文／55，56
菲尔·列维／7（前言），109
LFN，见最不优惠国待遇
努诺·利芒／4（前言），102
梅拉尼·杰拉娃奇沃·琳／16（前

漫长的、判最后一/7（附录），120
弱者；弱国弱/7（附录）
强权/47 脚注①
～澳大利亚—美中自由贸易的
范/93
～与霸权/115-117
～与保护主义/44
～的代理贸易的家/46-48,
47 脚注①, 81, 90-93,
101, 128-130
～的国产再就业/111
～的与贸易无关的问题/84
《强美的家》/86
乌拉圭·卢瑟/65
博格斯·布坎南/30
乔伊斯·米勒/5（附录），120
龙克尔·米勒·与非传统病/9（附录）
龙克尔·布洛斯/96
南方共同市场/25
～的收入,穷国扩大/22, 22
霸权地
脚注①
～的条款/88
～作为自由贸易的基础/37
MFN,见最惠国
通瓦希什·米特拉/4（附录）
龙克尔·福尔斯/14, 14 脚注2
最惠国（MFN）/137
～的接受/5
美国对～的支持/2

美国对～的抗辩/2
～的例外/11
～的自由贸易的家外/23,
24 脚注①
关税的贸易规则、～保护自由化/
20
～实施非规规则/2
～的原则/23
～的关税/103, 106, 114-117
无条件的, 有条件的/6
美国对～的瓶颈/16
对～名单/31
《多种纤维的家》/101
自由贸易的
～是"看脚石"还是"绊脚石"/94-103
～的海外支持/129
多边主义/60
～的回归/16（附录），9
米勒特·塞奇/13（附录）
～与美国/36, 42
多边非区域贸易自由化/20
～与欧洲共同市场和风险/19
多边贸易谈判（MTNs）/9-10,
107
加律～/46, 100-103, 124
～的时间跨度/123-127
鸟拉圭多边贸易体制/2（附录）
罗伯特·蒙代尔/7（附录）

阿尔夫·邓德 / 81

NAFTA，见新西兰一澳大利亚自由贸易协定，北美自由贸易协定

北美自由贸易协定 / 139

~与健康/急救成本问题标准 / 69-70

~和优惠贸易协定 / 66-67，67表3-1

~与贸易晕轮效应 / 69-70

《纽约时报》/ 15

新西兰一澳大利亚自由贸易协定 (NAFTA) / 16

《关于解释第二十四条规定的1994年谅解》/ 27

尼泊尔和米老鼠

科蒂尔·摩尔 / 2

非歧视待遇 / 137

国内.冬瓜 / 139

北美自由贸易协定 (NAFTA)

条件~ / 21

~的原产地规则 / 81

北美自由贸易协定区 (NAFTA) / 16

~ 有难鲜体 / 52

~签订的条件 / 40，40脚注①

我们的~ / 39

亚历克斯·塔斯特，16 (框注)，

134

海外组装加工 (OAP) / 69

火山谈化 / 120

《1988年综合贸易和竞争法》/ 85

经济合作与发展组织 (OECD) / 48，140

欧洲经济合作组织 (OEEC) / 140

太平洋群岛国自由贸易协定 (PICTA) / 16

~大平洋群岛国自由贸易协定 / 74

帕特里夏·德·洛美罗，3 (框注)

帕特里克·哈勒南，10 (框注)

~怎么走。明日瘩来，14 (框注)，105，107

· 保罗·艾文 / 60

弓马·波罗 / 76

~水产税截标准 / 76

优惠贸易协定 (PTAs) / 1 (框注)，138，~以以大国为中心的优惠贸易协定，发展中国家之间的优惠贸易协定

概况 ~ / 106

第二十四条规定的 ~ / 61-62，62脚注①

~作为"绊脚石"或"垫脚石" / 94-103

~中政府采购资源配置 / 35，100

~与非国对外政策 / 1，24

~对世界贸易体系的影响 / 58

~的历史演变及展望新 / 120

~与发展中国家 / 47-56，115

撤销 ~ / 114

老土~之路 / 42，94，12（框注）

索引 | 155

~的殖民/2（附注），15（附注），1-17，30，105，117
~在世界贸易组织会议的~/13，13 脚注①，14 图 1-3，33 图 2-1
~与民主/100
~与外光及发达的时间—路径/128
~与内光及发达的时间—路径/100-103，123
组群~/105，108，122
~与自由贸易的~/19-23
~作为自由贸易的客/1，22
~增长多/2（附注），23
以大国为中心的~/51-56
~的历史/19-23
老牌中国家之间的~/48-51
咖啡卡尔·获米/15
已普及的~/33 图 2-1
~的殖民/47，47 脚注①，83，92，101，128
~与工业制成品/29
增加就业的影响/128
~的分配/54
~加速多对贸易管制/46
~与多对非洲投在贸易自由化/15
~与关贸总协定伙伴/66-67，67 第 3-1
~的 20 世纪 30 年代大萧条/5-8
非成员国家对~的压缩/25
对~的区对/57-58
~的旅行禁/12-17
加入~/38

保护主义/3
《关于为大世界贸易组织和新协议的建议》
莱米斯特大学/21
美国的~/45-46
~的贸易转移，贸易创造/59
~的时间—路径分析/123，126，135 图 AI
~作为遗憾/15
~下传名期同实用关税/72，72 脚注①
两美国家签署~的意愿/43
~与原产地规则/140

2-1
13 脚注①，14 图 1-3，33 图
寻求~/12
电视范统/44
琼·罗宾逊/8
美国上层和母亲~/45
~与贸易/6
欢迎条约/6
阿特顿/76
泰尔姆·三格尔/55
电视范统
~与自由贸易/44 脚注②
~实行保护主义/44

《斯穆特一霍利 1930 年关税法》
拟议签署 / 35, 35 脚注①
实施影响 / 8 (脚注)
加雷·霍里格 / 8 (脚注)
~的后向性加工 / 80
~的家庭性加工 / 77, 80
传统产品的~ / 80, 111
北美自由贸易协定的~ / 80
~的~ 79 - 80
历史/非历史国家的原产地规则 / 80
为~辩护 / 111
本田汽车的~ / 77, 79
货栈 / 109, 113
~促成美剥关系紧张 / 81
武断的~ / 77 - 78
原产地规则 / 140
凯·哈密尔 / 8
雷蒙·凯鲁威 / 7 (脚注)
与丁·漫画能效 / 7 (脚注)
1 (脚注) 脚注①
区域贸易协定 (RTAs) / 1 (脚注)
~对美国的影响 / 39
~的成功 / 34
37 - 39
~对优惠贸易的资助性 /
第一波区域主义浪潮 / 34 - 37
~的影响 / 34
第二波区域主义浪潮 / 140
《1934 年互惠贸易协定法案》 / 140
脚注①
~禁止出的出口限制 / 45, 45
141
美洲
~的代惠贸易区意图 / 43
美国为~最佳客户 / 43
与墨尚非与东及关税同盟的目的
贸易的~ / 85 - 86
"拉丁美洲集团"破除 / 71 - 83, 76
脚注①, 141
~与双方主义 / 82
~的乱象 / 105 - 106, 109
~的贸易化 / 81
~带来的租费成本 / 82
欧洲的~及其入 / 73
亚太地区的~ / 74, 99
~与国际贸易 / 81
关税税
特殊差别待遇 (SDT) / 30 - 31
强次~问题 / 31
凯霍尔·斯普林克尔 / 114
T·N·斯荷尼瓦森 / 8 (脚注)
121, 127
多伯特·斯泰格 / 8 (脚注), 129
多伯特·斯特恩 / 8 (脚注)
保罗·斯蒂尔 / 15, 60, 66
保罗·斯蒂芬 / 12 (脚注), 105
Costas Syropoulos / 8 (脚注)
关税
~升级 / 8
郁金国有通 ~ / 103, 106, 114 - 117
~减让 / 26 脚注①

此国对外关系
①
特定用语适用 ~ / 72, 72 脚注
②
~ 最小化 / 71
~ 适用产品 / 63
~ 偏爱分析 / 119
~ 国民·居民 / 60
~ 收入人格长 / 22
~ 发展中国家 / 83
~ 障碍 / 42
~ 与优惠安排的 / 25
~ 推广 / 117
~ 最效力的 / 59
贸易政策审议机制（TPRM）/ 141
~ 作为谈判客体的 / 84
~ 便用 / 83
与贸易有关的问题，各国国内外
批准和举工标准 / 83-94
推广 ~ / 93-95
脚注①
国内外标准作为 ~ / 87, 87

~ 71
~ 的限额变为的成水标准 / 70
~ 与比较优势的 / 60-61, 70
61-62
米自第二十四条规定的 ~ /
贸易转移 / 57-67
~ 与贸易转移 / 58, 62
~ 的福益分析 / 119
优惠贸易协定的 ~ / 58
贸易创造
① , 10 图 1-1, 20, 26, 123
脚注 11, (附录)1 ~ 观点
~ 运用取消 / 32
区域性地限额 ~ / 20
~ 作为反倾销诱饵 / 62
贸易障碍
非关税 / 31
（附录）, 查普特·斯第米
贸易报告 / 58
~ 与优惠安排的 / 1
~ 适用特定用语的 / 72, 111
~ 的优惠 / 115
108
24, ~ 自由贸易区域的 ~ 进行系列 /
数限额 ~ 进行系列 / 24
~ 与第二十四条规定 / 62
①
脚注②
国产地规则的含数的 ~ / 81, 81 脚
②
~ 的运力棒模 / 64-65, 64 脚
~ 的片法 / 59-60

索引 157

~于竞相向各国出让主义 / 45
~各于的优惠 / 97
~的双轨制 / 88
~被偏袒的人 / 37, 83
~与多边主义 / 36
~确需要国际传统法律之枝 / 16
~努力推崇重国际传统法律 / 2
~的劳工标准 / 88-89
~的弱点 / 98-99, 117
~与自由贸易的关系 / 96
~的灾难 / 45
~支持的区域 / 36
~将有关税回圈 / 24
~国内其他保护主义 / 46-47
~与东欧的关系 / 54
~利用第二十四条规定 / 42
美国
~与暴乱制 / 31
①
联合国贸发会（UNCTAD）/ 31 脚注
尼克·森斯库 / 81
（TPSEPA）/ 74
跨太平洋战略经济伙伴关系协定
~中的优惠 / 1 脚注①
6-8 / ~脚注
贸易体制
一书片段，《/ 10（脚注）
《贸易害虫：分析优惠贸易体制的条款》
~与的优惠关系，以优惠作为基础 / 86
提款 / 88
提说 / 84

~签署的优惠贸易体制 / 47,
93
第二波区域主义浪潮
~的影响 / 39-42
~向美国施压后签订 / 43
~与 "毒脚片"、"糖脚片" /
102
~的软肋 / 96-97, 97 脚注②
115-116
~的副作用 / 36
~与贸易关系的阴影 / 83
哥伦比亚大学 / 21
~与数年回合 / 12（脚注）11, 45
脚注②, 83-84, 94
弗里曼·伯格斯顿 / 99
~的障碍 / 100
，美国贸易代表办公室 / 11（脚注），
142
托尼·维那布尔斯 / 8（脚注）/ 5（脚注），21, 26,
57-58, 59, 123, 127
~的静态分析 / 119
自动出口限制（VERs）/ 44-45
电视节目，45, 45 脚注①
娘嫲·苏柳克 / 80
《华尔街日报》/ 11（脚注），120, 127
万灵艾 / 8（脚注）
威廉姆·库尔姆 / 40
阿三·温特斯 / 8（脚注）

索引

与丁·苏尔关/9（附录）
奥普·埃德林特/65
世贸银行/14（附录）
世贸经贸关系/13（附录）
关贸协定世贸经贸关系/142
世贸秘书
~与双边义/6
维护~/8
~中的非歧视原则/28
~与保护主义/9
世贸组织（WTO）/9-10（附
录），138
~中的第二十四条规定/9-10
（附录）

~的成立/14
~与以大国为中心的权贸秩序
的建立/116-117
~的格局·与贸易/30
~的政府代表/法律事务/30
在~中条条约代替双边协定/
13，13脚注①，14图1-3，
33图2-1
支持~的第三条原则/25，83
第二次世界大战期间的贸易顺差/2-
5
世贸福利/57
伐利高·穿店转/44，46，49，95